묵주 기도 학교

가톨릭출판사

묵주기도 학교

2019년 7월 23일 교회 인가
2019년 10월 7일 초판 1쇄 펴냄
2025년 10월 31일 초판 7쇄 펴냄

지은이 · 박상운
펴낸이 · 정순택
펴낸곳 · 가톨릭출판사
편집 겸 인쇄인 · 김대영
편집 · 박도연, 김지영, 김지현, 박다솜, 허유정
디자인 · 강해인, 우지수, 이경숙, 정호진
마케팅 · 임찬양, 안효진, 황희진, 노가영

본사 · 서울특별시 중구 중림로 27
등록 · 1958. 1. 16. 제2-314호
전자우편 · edit@catholicbook.kr
전화 · 1544-1886(대표 번호)
지로번호 · 3000997

ISBN 978-89-321-1642-6 03230

값 12,800원

ⓒ 박상운, 2019

성경 · 교회 문헌 ⓒ 한국천주교중앙협의회

이 책은 저작권법에 의해 보호를 받는 저작물이므로 무단 전재와 무단 복제를 금합니다.

가톨릭의 모든 도서와 성물, 디지털 콘텐츠를 '가톨릭북플러스'에서 만날 수 있습니다.
https://www.catholicbookplus.kr | (02)6365-1888(구입 문의)

묵주
기도
학교

박상운 지음

가톨릭출판사

머리말

제가 가장 사랑하는 기도는 묵주기도입니다. 이 기도를 바칠 때, 묵주기도의 모후이신 어머니 마리아께서 신앙의 여정을 함께하셨습니다. 또한 저를 당신의 아드님이신 예수님께 인도해 주셨습니다.

구약 성경의 사무엘기에 나오는 소년 다윗은 개울가에서 주운 작은 돌멩이 다섯 개로 골리앗에게 맞섭니다. 사람들의 만류에도 다윗은 이렇게 말합니다. "사자의 발톱과 곰의 발톱에서 저를 빼내 주신 주님께서 저 필리스티아 사람의 손에서도 저를 빼내 주실 것입니다." 그리고 무릿매질을 하여 마침내 골리앗을 쓰러트립니다. 이처럼 하느님은 다윗에게 힘을 불어넣어 주시어 그 오른손에 승리를 안기셨습니다.

묵주도 우리에게 이와 같습니다. 묵주를 엮은 줄은 다윗의 무릿매 끈이며, 묵주 알은 하느님의 힘을 드러내는 다윗의 돌멩이입니다. 세상의 골리앗을 쓰러뜨릴 강력한 영적 무기가 되는 것입니다.

  우리는 삶 안에서 나의 힘만으로는 감당하기 힘든 수많은 어려움들을 맞닥뜨리곤 합니다. 그런 때일수록 묵주기도를 정성되이 바치며 예수님과 성모님께 우리 자신을 온전히 내어 맡겨야 합니다. 성모님을 통하여 예수님께 가는 가장 확실한 구원의 기도가 바로 묵주기도이기 때문입니다. 따라서 이 기도를 바치는 것은 자비로우신 성모님의 손길에 의탁하는 것입니다.

  이 책이 묵주기도란 무엇인가에 대한 교과서와 같은 책이 되기를 바랍니다. 묵주기도의 영적인 의미를 세세히 헤아려 보며, 그 아름다움과 소중함을 깨닫는다면 기도의 은총은 더욱 풍성해질 것입니다.

  묵주기도의 의미와 역사, 구성, 기도문에 대한 내용은 월간 《레지오 마리애》에 연재되었던 글을 새롭게 구성하고 보완하였습니다. 복되신 동정 마리아와 함께 묵주기도를 바치며 저희가 그 가르침을 따라 영원한 생명의 길을 함께 걷기를 기도드립니다. 이 책이 나오기까지 자애로운 손길로 저를 돌보아 주신 성모님께 감사와 찬미를 바칩니다.

박상운(토마스) 신부

차례

1장 묵주기도의 의미와 역사

묵주와 묵주기도	10
성모 시편	17
도미니코 성인과 묵주기도	31
알라노 복자의 묵주기도	42
묵주기도의 대헌장	52
묵주기도의 복되신 동정 마리아 기념일	62
몽포르의 루도비코 마리아 성인	70
묵주기도 성월과 묵주기도의 해	78

2장 묵주기도의 구성

교황 교서, 〈동정 마리아의 묵주기도〉	90
묵주기도의 신비 묵상	96
빛의 신비	106
묵주기도 요일과 순서, 방법, 동작	119

3장 묵주기도 기도문

묵주기도 기도문의 구성	148
묵주기도 기도문	151
• 성호경	153
• 사도신경	155
• 주님의 기도	164
• 성모송	170
• 영광송	186
• 구원을 비는 기도	198
• 성모 찬송	204
묵주기도의 대사	212

1

묵주기도의
의미와 역사

묵주와 묵주기도

복되신 성모님의 묵주는

저희를 하느님께 묶어 주는 아름다운 사슬이며,

저희를 천사들과 결합시켜 주는 사랑의 끈입니다.

묵주기도는 지옥의 공격을 물리치는 구원의 보루이며

모든 난파선이 찾는 안전한 항구입니다.

저희는 묵주기도를 결코 멈추지 않겠습니다.

죽음의 순간에 묵주는 저희에게 위안이 될 것입니다.

삶을 마치며 묵주에다 마지막 입맞춤을 할 것입니다.

묵주의 모후이신 성모님,

저희는 마지막 순간까지

감미로우신 성모님의 이름을 부를 것입니다.

사랑하는 우리 어머니,

죄인들의 피난처,

슬퍼하는 이들의 위로자이신 성모님,

오늘 또 영원토록 하늘 땅 어디에서나 찬미 받으소서.

– 바르톨로 롱고 복자, '거룩한 묵주의 모후이신 성모님께 드리는 기도'

요한 바오로 2세 성인 교황은 2002년 10월 16일, 교황 재위 25년의 첫날에 〈동정 마리아의 묵주기도〉라는 교서를 반포했습니다. 교황은 이 교서를 바르톨로 롱고 복자의 '거룩한 묵주의 모후이신 성모님께 드리는 기도'로 마쳤습니다.

성모님의 묵주는 우리를 하느님께 묶어 주는 아름다운 사슬이며, 천사들과 결합시켜 주는 사랑의 끈입니다. 묵주기도는 하느님의 자녀로 살아가는 고백입니다. 또 성모님의 모범을 따르겠다는 다짐이며, 그리스도를 온전히 바라보는 기도입니다. 우리는 묵주기도를 정성껏 바치며 성모님과 함께 그리스도의 얼굴을 바라봅니다(《동정 마리아의 묵주기도》, 3항).

묵주기도는 그리스도를 믿는 이들이 기쁠 때나 슬플 때나 늘 바쳐 왔던 기도입니다. 신앙인들은 삶의 매 순간을 묵주기도와 함께하며 성모님께 헤아릴 수 없이 큰 은총을 받아 왔습니다.

이처럼 묵주기도는 그리스도인들에게 가톨릭 신앙에 깊이 자리한 기도이며, '지상 여정에서 가장 중요한 기도'라고 할 수 있습니다. 묵주기도를 제대로 바친다는 것은 기도를 통해 숨을 쉬며 생명을 유지하는 것과 같습니다. 부활하신 예수님께서 제자들에게 숨을 불어 넣어 주신(요한 20,22 참조) 것처럼 말입니다.

묵주

가톨릭 신자라면 누구나 묵주 하나쯤은 가지고 있을 것입니다. 묵주는 기도하는 신앙인들의 주머니 속은 물론, 삶의 여러 자리 곳곳에 다양한 형태로 함께합니다.

하나의 신비(환희, 빛, 고통, 영광)를 이루는 5개의 신비 선포를 묵상하며 기도문을 반복할 때 보통 5단 묵주를 사용합니다.

여기서 '단'은 묶음을 세는 단위를 의미합니다. 대개 '묵주기도를 몇 단 바친다.'고 하면 매 단마다 '주님의 기도' 한 번, '성모송' 열 번, '영광송' 한 번, 짧은 마침 기도인 '구원을 비는 기도' 한 번을 바칩니다. 이때 '장미'의 의미를 드러내는 '성모송'을 열 번 반복함으로써 성모님께 장미 한 단을 드리는 것을 나타내기도 합니다. 따라서 묵주기도는 성모님께 대한 아름다운 시 혹은 상념들의 묶음이란 의미로 '기도의 장미 꽃다발'로도 불립니다.

보통 5단 묵주는 59개의 구슬과 십자고상으로 엮어져 있는데, 그중 가장 중요한 부분은 십자고상입니다. 묵주 알들이 십자고상으로 모아지기 때문입니다. 이는 십자고상에서 기도의 순환이 시작되고 끝을 맺는다는 의미입니다(《동정 마리아의 묵주기도》, 36항). 신앙인들의 삶과 기도는 그리스도를 중심으로, 그리스도에게서 시작되며, 그리스도를 지향합니다. 그러므로 묵주는 단순히 반복되는 '성모송'을 세기 위한 도구적 차원을 넘어서 그리스도인의 관상과 완덕의 끝없는 길을 가리킵니다. 이와 같은 맥락에서 클레멘스 7세 교황은 "묵주는 구원입니다."라고 말했습니다.

묵주는 우리의 겉모습을 꾸미는 장신구가 아닌, 구원의 길을 인도하는 나침반이자 구원을 향한 가장 아름다운 성물입니다.

묵주기도

예전에는 묵주기도를 장미 화관을 뜻하는 로사리오Rosario나 장미과에 속하는 해당화를 뜻하는 매괴玫瑰라는 한자어로 부르기도 하였습니다. 주교회의 천주교용어위원회는 '매괴'는 해당화를 일컫고, '로사리오'는 외국어이므로, 이전부터 사용하던 '묵주'라는 말을 계속 사용하도록 통일했습니다.

묵주默珠는 '침묵하다, 잠잠하다'는 의미의 묵默과 구슬을 의미하는 주珠를 합친 말입니다. 여기서 '묵'은 '묵상默想하다'의 줄임입니다. 그래서 묵주는 '묵상을 위한 구슬'이며, 이 구슬로 엮인 묵주를 들고 바치는 기도를 '묵주기도'라고 부릅니다.

묵주기도는 라틴어로 쓰였을 때 '로사리움 비르지니스 마리애Rosarium Virginis Mariae'이며, 이는 뜻 그대로 번역하여 보자면 '동정 마리아의 장미 꽃밭'입니다. 기도의 장미꽃이 가득한 꽃밭인 것입니다. 장미는 꽃 중의 여왕이고, 묵주기도는 모든 신심 중의 장미이기에 첫째가는 신심을 드러냅니다.

이는 라틴어로 사용되는 교회의 묵주기도에 대한 정식 명칭이 '동정 마리아의 장미 꽃밭'이기 때문이기도 합니다. 따라서 묵주를 들고 정성껏 바치는 기도는 성모님께 가장 아름다운 장미꽃을 엮어 올리는 영적 장미 꽃다발입니다.

모든 기도 가운데 묵주기도는 가장 아름답고 은총이 가장

풍부하며 지극히 거룩하신 동정 성모님을 가장 기쁘게 해 드리는 기도이다. 그러므로 묵주기도를 사랑하고 날마다 열심히 바치기 바란다. 이것이 나의 유언이니, 이로써 나를 기억해 주기 바란다.

– 비오 10세 성인 교황

성모 시편

묵주기도와 시편

묵주기도는 성령의 인도 아래 많은 성인들의 사랑을 받고 교도권이 권장해 온 기도입니다. 단순하지만 심오한 이 기도는 수세기에 걸쳐서 형성된 신심 행위입니다 〈〈동정 마리아의 묵주기도〉, 1항〉.

전통적인 묵주기도는 3개의 신비 주제를 중심으로 묵상해 왔습니다. 첫 번째 신비 주제는 예수님의 강생과 유년기의 신비를 묵상하는 '환희의 신비', 두 번째 신비 주제는 그리스도의 십자가 수난과 죽음에 대한 '고통의 신비', 세 번째 신비 주제는 부활하시고 승천하신 그리스도의 영광을 바라보는 '영광의 신비'입니다. 바오로 6세 성인 교황이 말했듯이 "묵주기도의 신비들과 그 기본 형태가 복음에서 비롯하고 있는 것"입니다. 그래서 묵주기도 신비의 주제들은 그리스도의 일생 전체를 핵심적으로 정리한 '복음의 요약'입니다. 이러한 신비의 순환은 공생활의 묵상인 '빛의 신비'로 보완되기 전까지 전통적인 묵상 주제였습니다.

전통적인 3개의 신비 주제들은 각각 5개의 신비 선포로 이루어져 있으며, 이 신비 선포에 있어서 가장 많이 반복하는 주요 기도는 '성모송'입니다. 매 단마다 열 번의 '성모송'을 바치게 되며, 열 번의 '성모송'은 15개의 신비 선포를 통해 150번 반복됩니다. 이것은 구약성경의 시편과 연결 고리가 있습니다.

바오로 6세 성인 교황은 1974년 2월 2일에 발표한 교황 권고 〈마리아 공경〉에서 묵주기도와 시편의 관계를 언급합니다.

'성모송'을 되풀이하여 바치는 것은 로사리오 기도의 고유한 특징으로서 150번이라는 횟수는 '시편'과 어떤 유사성을 보여 주고 있는데 이는 신심 행위의 기원에까지 소급되는 요소이기도 합니다. 그러나 이 횟수는 우여곡절을 겪으면서 각 개별 신비에 10회씩 할당되어, 세 주기(환희의 신비·고통의 신비·영광의 신비) 안에 배열되면서 오늘날과 같이 50회씩 바치게 되었습니다. 이것이 로사리오 기도의 일반 형태가 되어 대중적인 신심 형태로 채택되고 교황의 권위로 인준되기에 이른 것입니다. (49항)

이러한 내용을 다시 한번 확인시켜 주는 것이 요한 바오로 2세 성인 교황의 교서 〈동정 마리아의 묵주기도〉입니다.

그리스도 생애의 수많은 신비들 가운데 일부만이 교회 권위의 승인을 받아 폭넓은 신심 관행으로 바치는 묵주기도에

나타나 있습니다. 그러한 선택은 지금까지 바쳐 온 묵주기도의 형식이며, 이는 시편의 총수에 상응하는 150이라는 숫자에 따라 이루어진 것입니다. (19항)

《가톨릭 교회 교리서》에서도 묵주기도를 이렇게 설명합니다.

중세 서방 교회의 신심은, 대중이 성무일도 대신에 드리는 기도로서 '묵주기도'를 발전시켰다. (2678항)

성무일도라는 시간 전례의 주요 구성 요소는 시편입니다. 유다인들은 시편을 기도하였고, 예수님 역시 시편으로 하느님을 찬미하였습니다. 시편은 그리스도가 부르는 노래이자 신랑인 그리스도에게 신부인 교회가 바치는 노래로 시간 전례 안에서 언제나 특별한 위치를 차지하였습니다. 이는 시편이 성령의 영감을 받아 쓰인 작품이라는 믿음이 크게 작용하였기 때문입니다. 그리스도인들은 하루를 성화시키는 시간 기도로 성무일도를 바쳤고, 시편과의 그런 연관성을 통해 우리는 묵주 기도가 처음 시작된 이유를 찾을 수 있습니다.

주님의 기도 시편

묵주기도의 기원은 3세기까지 거슬러 올라갑니다. 당시 아일랜드의 수도자들에게는 구약 성경의 시편을 성무일과로 매일 바치는 전통이 있었습니다. 시편 150편 전체를 노래하거나 50편씩 3개로 묶어 기도를 바쳤는데, 이러한 시편 기도는 고해성사의 보속을 수행하거나 세상을 떠난 이들을 위한 기도로 바치기도 했습니다. 점차 인근의 신자들도 시간 전례를 같이 바쳤으나 글을 읽거나 쓸 수 없는 이들은 긴 시편을 바치는 데 어려움이 있었습니다. 그래서 시편 150편 대신 '주님의 기도' 150번을 바쳤습니다.

'주님의 기도'는 예수님께서 기도를 가르쳐 달라는 제자들에게 기도의 모범으로 알려 주신 기도입니다. '주님의 기도'를 바치는 것은 그 무한한 가치로써 그리스도교 기도의 바탕이 되기 때문입니다《마리아 공경》, 106항).
이렇게 기도함으로써 '주님의 기도' 한 번이 시편 한 편을 대신하게 됩니다. '주님의 기도'를 150번 혹은 50번씩 3개로 묶어 한 묶음을 반복하는 것을 '주님의 기도 시편' 또는 '비천한 이들의 성무일과 기도'라고 불렀고, 글을 읽거나 암기가 어려운 일부 수도자들에게도 시편을 암송하는 것을 면제해 주면서 '주님의 기도'를 바치도록 했습니다.

베다 성인은 곡식 낱알을 머리에 쓰는 관처럼 끈으로 엮어, 반복되는 기도를 세도록 했습니다. 그전에 신자들은 150번의 '주님의 기도'를 세기 위해 가죽으로 만든 주머니에 작은 자갈을 넣고 옮기면서 셌는데, 이후 150개의 매듭을 엮은 끈을 이용했습니다. 그러다가 50개의 나무 조각을 줄에 꿰어 관처럼 엮은 도구로 기도의 반복되는 수를 헤아렸는데, 이것이 오늘날의 묵주와 비슷한 형태입니다.

시토회의 수도자와 재속회원들은 이러한 기도 형식을 본따 회개를 위한 보속이나 시편 기도를 바칠 수 없는 이들에게 '주님의 기도'를 반복해서 바치도록 하였습니다. 그래서 그들은 이런 말을 남겼습니다.

시편을 바칠 수 없는 이들은 '주님의 기도'를 바쳐야 합니다
Qui non potest psallere, debet patere.

이처럼 시편의 수만큼 '주님의 기도'를 암송함으로써 그 의무를 대체했던 것입니다.

시편은 "행복하여라!"(시편 1,1)라는 노래로 시작해 "숨 쉬는 것 모두 주님을 찬양하여라. 할렐루야!"(시편 150,6)로 끝맺습니다. 묵주기도를 바친다는 것은 살아 있는 신앙, 숨 쉬는 신앙을 느끼는 행복한 순간입니다. 하느님의 숨을 쉬는 우리는 시편 전체를 이 묵주기도 안에 담아 둡니다.

성모 시편

동정 마리아의 묵주기도는 성령의 인도 아래 제이천년기에 차츰 그 모습을 갖추었습니다(《동정 마리아의 묵주기도》, 1항). 묵주기도의 주요 부분인 '성모송'의 형태는 3세기부터 발견되는데, '천사의 인사말'과 '엘리사벳의 인사말'로 성모님을 찬양하는 것이 보편화된 것은 6세기경입니다. 그 후 1198년에 이르러서 파리의 오돈 주교가 이 기도문을 '주님의 기도'나 '사도신경'처럼 암송하도록 최초로 규정했습니다. 그러다 차츰 여러 나라의 지역 교회에서 '성모송'을 암송하였고, 1440년 시에나의 베르나르디노 성인에 의해 '성모송'의 후반부인 청원 기도가 덧붙여집니다.

구약의 시편 대신 '주님의 기도 시편'을 바친 것처럼, 피에르 다미아노 성인은 '천사의 인사말'의 반복을 언급했습니다. 오늘날 '성모송'의 전반부 찬미에 있는 '천사의 인사말'은 가브리엘 천사가 성모님께 했던 말입니다.

은총이 가득한 이여, 기뻐하여라. 주님께서 너와 함께 계시다.

(루카 1,28)

이로써 묵주기도의 주요 기도인 '성모송'을 반복하여 암송하는 기도 형식이 등장한 것입니다. 헨네가우의 아이베르토 은수자는 '천사의 인사말'과 함께 '엘리사벳의 인사말'을 시편처럼 150번 반복하는 기도를 바쳤습니다. 성모님을 만난 엘리사벳은 성령으로 가득 차 큰 소리로 외칩니다.

당신은 여인들 가운데에서 가장 복되시며 당신 태중의 아기도 복되십니다. (루카 1,42)

마리아에게 성령으로 아이를 잉태할 것이라 예고한 가브리엘 천사의 인사말과, 아이를 낳지 못하는 몸이었으나 하느님의 도우심으로 요한 세례자를 가진 친척 엘리사벳을 찾아간 마리아가 들었던 이 인사말을 아이베르토 은수자는 무릎을 꿇고 하루에 100번, 바닥에 엎드

려 50번을 정성껏 바쳤습니다. 그러다 차츰 시토회 수도 공동체를 중심으로 '주님의 기도 시편' 대신 '성모 시편'을 바치게 됩니다. 이때부터 가브리엘 천사와 엘리사벳의 인사말로 시편처럼 아름다운 노래를 성모님께 불러 드리게 된 것입니다.

단의 시작

14세기경 카르투시오 수도회 회원인 칼카르의 하인리히는 '성모송' 열 번을 한 묶음으로 하여 15단을 기도했습니다. 이전에 '성모송'을 연속적으로 150번 반복하던 것을 열 번씩 15개의 단으로 구분했고, 매 단을 시작할 때 '주님의 기도'를 바쳤습니다. '성모송'을 열 번씩 총 15단을 바치는 것은 시편의 수를 유지하는 데 효과적이었습니다. 이러한 기도가 런던의 일부 수도회에서 시작하여 영국 전체에 퍼졌고, 다른 유럽 국가에도 전파됩니다. 1440년에 설립된 영국 이튼 칼리지의 문서에는 15번의 '주님의 기도'와 150번의 '성모송'으로 구성된 '성모 시편'을 매일 암송하도록 적혀 있습니다.

묵상 구절의 시작

카르투시오 수도회 회원인 프루시아의 도미니코는 '천사의 인사말'과 '엘리사벳의 인사말'이 합쳐진 '성모송'을 50번씩 바치면서, 예수님의 일생을 묵상하는 기도 방법을 추가했습니다. 복음 말씀을 기초로 50개의 조목으로 정리하여, 매 묵상을 '성모송'과 함께하는 것입니다. 50개의 구절 내용은 다음과 같습니다.

예수님의 탄생과 유년기에 대한 14개의 묵상 구절, 예수님의 수난과 죽음에 대한 23개의 묵상 구절, 예수님의 부활에 관한 7개의 묵상 구절, 그리고 '빛의 신비'가 만들어지기 전이지만 공생활에 대한 묵상 구절 6개가 들어가 있었습니다. 이처럼 예수님의 일생에 대한 묵상 구절 50개를 '성모송' 50번과 연결 지어 기도하게 됩니다. 예를 들면 이렇습니다.

은총이 가득하신 이여, 기뻐하소서.

주님께서 함께 계십니다.

당신은 여인들 가운데에서 가장 복되시며

당신 태중의 아기도 복되십니다.

① 예수님, 성령으로 말미암아 잉태되신 분

② 예수님, 베들레헴에서 우리를 위해 태어나신 분

③ 예수님, 본시오 빌라도 통치 아래에서 고난을 받으신 분

④ 예수님, 사흗날에 부활하신 분

⑤ 예수님, 하늘에 오르신 분

⑥ 예수님, 성부 오른편에 앉으신 분

'성모송' 찬미 기도의 끝에 예수님의 이름을 부르며, 그분 일생의 중요한 순간을 묵상 구절로 연결 지어 기도하도록 권합니다. 이러한 방식은 복음의 핵심을 쉽게 기억하며 내적인 기도에 집중하게 합니다. 또한 침묵 가운데 주님의 현존을 느끼며, 반복되는 소리 기도를 통해 주님을 향한 마음을 지니게 하는 것입니다. 프루시아의 도미니코는 '성모송'을 연속적으로 암송하는

방식에서 벗어나 오늘날의 신비 선포와 같은 묵상 구절을 추가하였습니다.

묵주기도 방법의 완성

카르투시오 수도회의 묵주기도는 알라노 복자에 의해 도미니코 수도회 방식의 묵주기도로 완성됩니다. 칼카르의 하인리히가 '주님의 기도'를 시작으로 '성모송'을 열 번씩 묶어 시편의 수에 맞춰 150번을 반복하고, 후에 프루시아의 도미니코가 50개의 묵상 주제를 '성모송'과 연결 지어 기도하였다면, 알라노 복자는 이 두 방식을 적절히 결합하여 오늘날의 묵주기도 형태로 만든 창립자라고 할 수 있습니다. 알라노 복자는 짧은 묵상 구절의 선포와 함께 '주님의 기도'를 바치고 '성모송'을 열 번 반복합니다. 그리고 15개의 신비 선포를 정리하여, 주제별로 '환희의 신비', '고통의 신비', '영광의 신비'로 나누었습니다. 소리 기도와 묵상 기도의 결합을 통해 누구나 따라 하기 쉽게 정리한 것입니다. 묵상 없이

'성모송'만을 반복하거나, 매 '성모송'마다 구절을 묵상하던 방식을 '초기 묵주기도'라고 한다면, 알라노 복자가 소리 기도와 묵상 기도를 적절히 조화시킨 묵주기도는 '새로운 묵주기도'입니다.

이와 같이 묵주기도는 '주님의 기도 시편'이 '성모 시편'으로 대체되고, 연속적인 기도문의 반복에 묵상이 추가되면서 차츰 오늘날의 형태를 갖추게 됩니다. '천사의 인사말'과 '엘리사벳의 인사말'인 '성모송'을 반복할 때, 성모님을 통해 하늘과 땅이 만나는 기도가 이루어집니다. 가브리엘 천사와 엘리사벳의 말을 듣고 하느님을 찬미하였던 성모님처럼 기도에 집중하며 정성껏 바쳐야 합니다. 또한 예수님의 일생에 대한 묵상은 매일 주님과 대화하는 영광스러운 통로이자, 친밀함을 더욱 깊이 느끼는 계기가 될 것입니다.

도미니코 성인과 묵주기도

도미니코 성인에게 묵주를 건네시는 성모님

많은 성인들은 성모님께 깊은 공경을 표하였습니다. 동정 마리아께서는 복음적 삶의 모범이셨으며, 그리스도를 따르기를 원하는 모든 이들의 인도자이셨기 때문입니다.

몽포르의 루도비코 마리아 성인은 자신의 저서《묵주기도의 놀라운 비밀》에서 묵주기도의 기원에 대해 이야기하며 알라노 복자의 《묵주기도의 존엄성》에 나오는 도미니코 성인의 일화를 인용합니다. 1214년 성모님께서 알비파의 이단자들과 죄인들의 회개를 위해 성인에게 알려 주신 기도가 바로 묵주기도라는 것입니다.

    알비파는 남부 프랑스의 '알비'라는 도시 이름에서 유래하였는데, 이들은 '영혼은 선하고 물질은 악하다'는 이원론의 교리를 바탕으로 하느님의 육화와 성사를 부정하였습니다. 이러한 이단의 출현은 그리스도인들이 성사 생활을 멀리하고 교회를 떠나 죄 가운데 머물게 했습니다. 당시 사람들의 죄는 알비파 이단의 회개를 방해했으며, 이단에 빠진 이들은 교회를 떠났습니다. 그러한 사실은 성인을 고통스럽게 하였습니다. 성인은 알비 근처 툴루즈 가까이에 있는 숲속으로 들어가 사람들의 회개를 위하여 눈물로 기도하였습니다. 그때 성모님께서 세 천사를 대동하시고 성인에게 나타나시어 말씀하셨습니다.

    "사랑하는 도미니코, 하느님께서 이 세상을 다시 새롭게 하시고자 사용하시려는 가장 강력한 무기가 무엇인지 알고 있습니까?"

도미니코 성인은 이렇게 대답합니다.

"오! 나의 성모님, 예수 그리스도의 어머니이신 당신께서 우리 구원의 중요한 도구이심을 저보다도 더 잘 알고 계십니다."

그러자 성모님은 응답해 주십니다.

"도미니코, 신약의 기초가 되는 '천사의 인사말'이 가장 강력한 무기라는 걸 아십시오. 완고한 저들의 마음을 하느님께로 돌리기를 원한다면, 나의 '묵주기도'를 전하십시오."

성인은 이 말씀에 위안을 받고 일어나, 죄인들과 이단자들의 구원을 위해 대성당으로 갔습니다. 그러자 천사들이 사람들을 불러 모으기 위해 종을 쳤습니다.

그 후 성인은 묵주기도의 중요성과 가치를 전파하며 모인 이들을 회개로 이끌었습니다. 성인의 말씀에 감복한 툴루즈의 많은 이들이 묵주기도를 바치며 자신들의 잘못된 생활 방식을 끊어 버리게 되었습니다.

성모님께서 말씀하신 '천사의 인사말'은 바로 '성모

송' 전반부에 있는 가브리엘 천사의 인사입니다. 당시에는 '성모 시편'을 '천사의 인사말'로도 불렀습니다. 알비파 이단은 하느님의 육화, 말씀이 사람이 되신 신비(요한 1,14)를 거부하였지만, 천사의 인사말인 묵주기도는 바로 육화의 신비를 노래하고 있습니다.

가브리엘 천사는 "은총이 가득한 이여, 기뻐하여라. 주님께서 너와 함께 계시다."(루카 1,28)라고 인사합니다. 하느님으로부터 파견된 가브리엘 천사가 예수님의 잉태를 전하기 위해 성모님을 찾아가 전했던 첫마디이자, 말씀이 사람이 되시는 신약의 시작입니다.

삶 안에서 하느님의 존재와 주님 부활의 영광에 대한 의구심이 들고, 하느님을 저버리고 싶은 유혹이 들 때, 묵주기도는 그 수많은 어려움으로부터 우리 자신을 지켜 주는 영적 무기가 됩니다.

성모님의 망토 아래 설립된 도미니코 수도회

도미니코 성인은 성모님을 향한 깊은 공경을 품고 있었습니다. 성인은 1215년에 설교자들의 수도회인 도미니코 수도회를 설립합니다. 복음적 진리의 선포자였던 성인은 특별히 마리아의 사도였습니다. 성인은 성모님께 대한 공경을 공공연하게 설교하였으며, 이단을 물리치고 그들이 회개할 수 있도록 성모님의 도우심을 청했습니다.

도미니코회 수도자들은 성모 신심을 증명하고자 성모님의 충실한 자녀로 살기를 서원하였습니다. 성인은 성모님의 이름으로 하루를 시작하였으며, 일을 마치고 잠자리에 들기 전에 '성모 찬송'을 노래하곤 했습니다.

어느 날, 밤새 기도하고 있는 성인에게 성모님께서 나타나시어 당신을 보이셨습니다. 성인을 비롯한 모든 수도자들은 '성모 찬송'을 노래하였습니다. 성인은 무릎을 꿇고 수도회의 형제들이 온 세상에 나아가 교회의 대변자가 되기를 청하였습니다. 그리고 많은 성인들에

둘러싸인 예수님과 그분의 오른편에 앉아 계신 복되신 동정녀를 바라보았습니다. 하지만 그 자리에 있던 다른 수도자들은 그 모습을 볼 수 없었습니다. 자신만이 죄로 가득한 세상 안에서 성모님의 모습을 보게 되자, 죄로 물든 이들의 고통을 떠올리게 된 성인은 통곡하고 말았습니다. 그러자 주님께서 나타나시어 그를 위로하며 말씀하셨습니다. "도미니코야, 너와 너의 형제들을 나의 어머니께 맡기겠다." 동시에 성모님께서 당신의 망토를 열어 보이시자 그 망토 아래 세상을 떠난 많은 이들이 모여들었습니다.

 도미니코 성인에게 발현하신 그리스도와 성모님은 자애로우신 손길로 당신 자녀들을 감싸며 위로하셨습니다. 이처럼 성모님의 망토 아래 모인 그리스도인들은 묵주기도를 정성껏 바치며, 어머니께 맡겨진 충실한 자녀들로서 이 세상의 구원을 위해 함께 모여 기도하고 활동합니다.

도미니코 수도회를 중심으로 전파된 묵주기도

묵주기도는 오랜 시간에 걸쳐 여러 수도회의 수도자와 신앙인들 사이에 시편의 형태로 형성되었습니다. 그런 가운데 역대 교황들은 묵주기도의 전파에 있어 도미니코 성인과의 관련성을 강조합니다. 레오 13세 교황은 회칙 〈최고 사도직〉에서 묵주기도 신심에 대해 이렇게 언급합니다.

> **하느님의 진노를 진정시키고, 복되신 동정 마리아의 전구를 간절히 청하고자, 묵주기도는 도미니코 성인에 의해 확고히 자리하게 됩니다.** (5항)

묵주기도는 사람들의 회개를 위하여 도미니코 수도회가 전파하는 기도의 핵심이었으며, 수세기 동안 많은 이들이 신심 행위로 바쳤습니다. 도미니코 수도회의 노력으로 묵주기도는 지옥의 공격을 물리치는 구원의 보루이자, 모든 난파선이 찾는 안전한 항구가 되었습니다.

그리고 마침내 많은 이들이 성모님의 도우심을 청하는 가장 강력한 기도가 되었습니다. 비오 11세 교황은 다음과 같이 말했습니다.

> 복되신 동정 마리아의 묵주기도는 도미니코 성인이 설립한 수도회 소속 회원들의 삶을 완전하게 만들고, 세상 사람들의 구원을 얻기 위한 원리와 기초가 되어 주었습니다.

도미니코 수도회 소속의 알라노 복자는 묵주기도로 성모님께 공경을 드리고, 특별한 도움을 청할 목적으로 1470년에 '묵주기도회(매괴회)'를 설립합니다. 후에 이 '묵주기도회'는 1479년 식스토 4세 교황으로부터 인가를 받고, 율리오 3세 교황에게 대사의 특권까지 부여받습니다.

한눈에 알 수 있는 **묵주기도 핵심 정리**

- 묵주는 묵주기도의 진행을 표시하며 세는 도구입니다. 이는 그리스도인의 관상과 완덕의 끝없는 길을 가리킵니다.

- 묵주를 가지고 바치는 기도인 묵주기도는 동정 마리아께 올리는 '영적 장미 꽃다발'입니다.

- 묵주기도의 형식은 시편의 총수에 상응하는 150이라는 숫자에 따라 이루어진 것입니다.

- 묵주기도의 기원은 시편을 대신하여 주님의 기도를 반복하는 '주님의 기도 시편'이라 할 수 있습니다.

- 시간 전례의 시편 기도 대신 '주님의 기도 시편'을 바친 것처럼, 성모송을 반복하는 '성모 시편'을 기도하기 시작합니다.

- 성모송의 암송과 함께 예수님의 일생에 대한 묵상을 추가하는 기도 방법으로 발전하며 오늘날의 묵주기도가 완성되어 갑니다.

- 묵주기도는 기도하는 이들의 삶을 완전하게 하고, 세상 사람들의 구원을 얻기 위한 원리와 기초가 되었습니다.

알라노 복자의
묵주기도

알라노 복자의 묵주기도 형식이 갖는 영적 의미

도미니코 수도회 회원이며 신학 교수였던 알라노 복자는 오늘날 바치는 묵주기도 형식의 창립자입니다. 그의 강론과 글은 묵주기도와 같은 '성모 시편'에 대한 묵상으로 채워졌으며, 성모님께 드리는 뜨거운 신심과 열정은 기도의 방법을 더욱 구체화시켰습니다. 알라노 복자는 칼카르의 하인리히가 바쳤던 것처럼 '성모송'의 반복에만 국한되거나, 프루시아의 도미니코의 기도처럼 '성모송'마다 해야 했던 묵상에만 머물지 않았습니다.

알라노 복자는 〈아폴로지아〉라는 글에서 묵주기도 형식을 설명하고 정리하였습니다. 그는 150번의 '성모송'을 구약의 시편 대신 시간 전례를 바치듯이 노래하도록 하였고, 150편의 시편을 50편씩 3개로 묶어 아침 기도(환희의 신비), 낮기도(고통의 신비), 저녁 기도('영광의 신비)로 하루에 세 순간을 묵주기도로 바쳤습니다.

열 번의 '성모송'을 1단으로 묶는 것은 시편 저자가 "비파로 주님을 찬송하며, 열 줄 수금으로 그분께 찬미 노래 불러라."(시편 33,2) 하고 노래한 것처럼 '비파와 열 줄 수금'을 의미합니다. 그래서 단순히 기도의 수를 효과적으로 세기 위해 바치던 매 단의 열 번의 '성모송'은 영적인 의미를 가지게 됩니다. 열 번의 '성모송'은 성모님께 드리는 가장 아름다운 선율입니다. 또한 3개의 신비 주제(환희, 고통, 영광)를 각각 5개의 신비 선포들로 묶어 묵상하는 것은 그리스도의 오상에 대한 공경을 드러내는 것입니다. 각 신비의 묵상 구절에 대한 선포는 그리스도의 오상을 표현하는 영적 의미입니다.

  알라노 복자는 '성모송'을 통해 성모님께 드리는 인사뿐만 아니라 예수 그리스도의 탄생, 죽음, 부활(환희·고통·영광)에 대한 묵상을 동시에 할 수 있도록 초대합니다. 그래서 각각의 신비에 대한 묵상은 '성모송'의 암송과 함께 이루어집니다. 기도문을 암송하는 소리 기도만으로 기도가 이루어지거나, 소리 기도 없이 묵상만을 하는 것이 아니라 소리 기도와 묵상 기도가 함께 어우러지는 형식을 갖추게 됩니다. 묵주기도의 묵상 기도와 소리 기도는 사람에게 영혼과 육신이 있는 것처럼 기도의 영(靈)과 육(肉)이 됩니다. 이러한 기도 방법을 통해 하느님께 드리는 공경과 흠숭을 드리는 데 참여합니다.

효과적인 묵상을 위한 주제 제안

  알라노 복자는 우리가 묵상을 잘 이해할 수 있도록 많은 구상과 권고를 하였습니다. 그중 신비 묵상을 하는 데 있어 다섯 가지 방법을 제안하였습니다.

1) 첫 번째 방법 – 예수 그리스도의 일생에 대한 묵상

말씀이 사람이 되신 탄생('환희의 신비'), 그리스도의 수난('고통의 신비'), 그리스도의 영광('영광의 신비')을 떠올리는 방법입니다. 신비를 선포하는 순서대로 그리스도의 일생 전체를 묵상하며 구원의 신비를 기도합니다.

2) 두 번째 방법 – 성모님과 성인들을 통하여 그리스도에 대해 묵상

'환희의 신비'에 나오는 다섯 가지 신비 묵상은 성모님의 오감五感을 함께 느끼는 것입니다. 예수님을 바라보시는 성모님의 눈, 예수님께 말씀을 건네시는 입, 같은 공간에서 느껴지는 예수님의 숨소리, 예수님의 손을 잡으시는 성모님의 손, 당신 아드님의 인간적인 체취 등 성모님의 심상을 고스란히 나의 것으로 삼습니다.

또한 우리는 '고통의 신비'를 통해 예수님의 오상을 떠올릴 수 있습니다. 못 박힌 양손과 양발, 창에 찔린 그리스도의 옆구리의 상처를 바라보는 것입니다.

마지막으로 '영광의 신비'를 묵상하면서 천사들, 구

약의 예언자들, 사도들, 순교자들을 생각해 볼 수 있습니다. "제 십자가를 지고 나를 따르라."(마태 16,24)라는 말씀을 그대로 지킴으로써 천상 영광을 누리는 성인들을 기억하며 우리 또한 그 영광에 참여할 수 있도록 기도하는 것입니다. 천사들과 함께 하느님의 영광을 노래하는 모습을 떠올리며 묵주기도로 예수님께 감사를 드립니다.

3) 세 번째 방법 – 성령을 통하여 믿음과 희망과 사랑의 삼덕을 깊이 깨달음

'성모송'을 한 번 바치거나 '성모송'을 1단(열 번) 바칠 때마다 신망애 삼덕의 내용을 묵상합니다. 진리의 근원이시며 그르침이 없으신 하느님에 대한 살아 있는 믿음을 청하거나, 자비의 근원이시며 저버림이 없으신 주님께 구원의 은총과 영원한 생명을 희망하고, 사랑의 근원이신 하느님을 향한 사랑과 이웃에 대한 사랑을 묵상하는 것입니다.

또한 '성모송'을 한 번 바치거나, '성모송'을 1단 바칠 때마다 우리의 악습들을 하나씩 떠올리며 그것을 없애기 위해 기도합니다.

4) 네 번째 방법 – 이웃들을 위한 기도

교회를 위하여, 교황을 위하여, 성직자들을 위하여, 정치인들을 위하여, 백성을 위하여, 부모님을 위하여, 배우자를 위하여, 친구들을 위하여, 원수를 위하여, 살아 있는 이들을 위하여, 혹은 세상을 떠난 이들을 위하여 기도합니다.

5) 다섯 번째 방법 – 각자 신분에 맞는 직무를 잘 수행하도록 기도

교황 직무를 수행하는 이를 위하여, 사제들을 위하여, 군인들을 위하여, 재판관들을 위하여 하느님 뜻에 맞게 각자 자신의 소임을 수행하도록 기도합니다.

알라노 복자의 묵주기도는 그리스도교 공동체 구성원 각자의 믿음과 내면의 변화를 이루기 위한 효과적인 기도입니다. 알라노 복자는 그리스도의 신비를 묵상하며 그 신비의 본질과 동화되도록 적절한 방법을 제시합니다(〈동정 마리아의 묵주기도〉, 26항).

알라노 복자의 묵주기도 형식

알라노 복자는 다양한 형식의 묵주기도를 쉽게 따라 할 수 있도록 정리하면서, 형식에 영적인 의미를 부여했습니다. 묵주기도의 구조 자체가 기도인 것입니다.

그는 '성모송'의 반복으로 이루어지는 '성모 시편'을 복음의 요약인 묵상 구절과 함께 효과적으로 결합시키면서 아우구스티노 성인의 《수도 규칙서》를 응용하였습니다. 아우구스티노 성인은 자신의 규칙서를 15장(15개의 신비 묵상)으로 구분하고 매 장을 10개의 글(열 번의 '성모송')로 정리하였습니다.

묵주기도에 관련된 책이 처음 나올 때에도 이러한 형식을 따라 150번의 '성모송'을 150개의 묵상글과 그림으로 채워 넣었습니다. 오늘날의 묵주기도 묵상서에 성화와 글을 함께 넣게 된 유래도 이와 같습니다. 이러한 새로운 형태의 기도를 크게는 150이라는 시편의 수를 기본으로 각각 열 번의 '성모송'을 반복하는 15개의 묵상 구절로 세분화합니다. 또한 그리스도의 다섯 상처를 공경하는 의미에서 5개씩 묵상 구절을 묶어 3개의 화관(환희, 고통, 영광)으로 정리합니다. 이렇게 구원의 신비들에 대한 신심을 고양시키는 데 집중함으로써, 기도하는 이들의 악습을 고치고 그리스도 신비의 본질에 동화될 수 있도록 묵주기도의 형식을 구성합니다.

알라노 복자의 묵주기도 형식을 정리해 보자면 이렇습니다.

1) '성모송'의 반복은 '다윗의 시편'처럼 150번을 반복합니다. '주님의 기도'를 시작으로 열 번의 '성모송'을 1단으로 바칩니다.

2) 매 단마다 묵상을 하게 되는데, 처음 5개의 묵상 구절은 그리스도 육화의 기쁨을 드러내고('환희의 신비'), 다음 5개의 묵상 구절은 수난의 고통을 따르

며('고통의 신비'), 마지막은 부활의 영광('영광의 신비')을 묵상합니다.

3) 소리 기도의 암송은 인간 구원의 신비 묵상과 결합되어 기도에 생기를 불어넣어 줍니다.

알라노 복자의 성모송에 대한 묵상

알라노 복자는 《예수와 마리아의 시편》(4권 7장)에서 가장 주요한 기도인 '성모송'을 반복할 때마다, 기도를 통해 얻게 되는 묵상의 의미를 아름답게 표현합니다.

'성모송'을 바칠 때,
하늘은 기뻐하고, 땅은 경탄합니다.
'성모송'을 바칠 때,
사탄은 쫓겨나고, 지옥은 두려움에 떱니다.
'성모송'을 바칠 때,
세상은 그 빛을 잃고,

하느님을 향한 사랑으로 끓어오릅니다.

'성모송'을 바칠 때,

나태는 사라지고, 욕정은 가라앉습니다.

'성모송'을 바칠 때,

슬픔은 사라지고, 마음은 기쁨으로 가득 찹니다.

'성모송'을 바칠 때,

믿음은 성장하고, 죄에 대한 뉘우침이 시작됩니다.

'성모송'을 바칠 때,

마음은 희망으로 충만하여, 위로받습니다.

'성모송'을 바칠 때,

영혼은 강해지고,

하느님을 향한 사랑으로 다시 채워집니다.

묵주기도의 대헌장

서적을 통한 기도의 전파

이후 《성모 시편》이라는 책에서 15개의 신비 묵상 구절이 정리됩니다. 추후 비슷한 책들이 다양하게 출판되면서 묵주기도는 광범위하게 퍼져 나갔습니다. 1495년에 출간된 《성모 시편》 책 표지에는 아기 예수님을 안은 성모님의 성화가 있습니다. 예수님과 성모님 앞에 세 사람이 각자 손에 묵주를 든 채 무릎을 꿇고 기도하고 있습니다. 그들의 옷은 흰색과 빨간색, 황금색으로 구별되는데, 흰색 옷은 '환희의 신비'이며, 붉은색 옷은 '고통의 신비', 황금색 옷은 '영광의 신비'를 뜻합니다. 성모님과 아기 예수님도 묵주를 들고 기도하고 계십니다.

이 책은 묵상 주제를 이해하기 쉽게 15개의 그림(판화)으로 넣었으며, 3개의 큰 주제로 묶었습니다.

첫 번째는 오늘날에도 바치고 있는 '환희의 신비'와 관련된 5개의 묵상 구절, 두 번째는 '고통의 신비'와 관련된 5개의 묵상 구절, 세 번째는 '영광의 신비'와 관련된 5개의 묵상 구절입니다. 하지만 '영광의 신비' 마지막 5단의 묵상 구절은 오늘날처럼 '예수님께서 마리아께 천상 모후의 관을 씌우심'에 대한 내용이 아닌 '하느님의 영광과 모든 성인들이 최후의 심판 날에 받게 되는 영광'을 묵상하도록 했습니다.

각각의 그림은 열 송이 장미로 관을 엮어 그리고, 커다란 장미를 '주님의 기도'로 삼았습니다.

묵주기도 신비의 완성

묵주기도의 묵상 구절을 '신비'라고 부르는 것은 1521년 출간된 도미니코회 소속 (대)알베르토 성인의 저서 《영광 가득한 동정 마리아의 묵주기도》에서 유래를 찾을 수 있습니다.

16세기 중반 종교 개혁 시대에 예수회 회원인 베드로 가니시오 성인은 1577년 자신의 책에 '예수님께서 마리아께 천상 모후의 관을 씌우심'에 대한 '영광의 신비' 5단을 기록하면서, 오늘날과 같은 형태의 묵상 주제를 정리했습니다. 묵주기도는 기도의 의미와 방법, 묵상 내용을 다룬 이 책으로 일정한 형식을 갖추게 된 것입니다. 당시 신자들은 이러한 새로운 형태의 기도를 받아들였고, 그 결과 묵주기도는 빠르게 확산되어 갔습니다.

묵주기도의 전파

중세 도미니코회 수도자들은 신대륙에까지 묵주기도 신심을 전하였습니다. 그 후 묵주기도는 동아시아 지역과 이교도들 사이에서도 복음 선포의 효과적인 방법으로 적용되었습니다.

묵주기도는 묵상에 필요한 다양한 요소와 결합될 때, 중요한 교리 교육의 기회가 됩니다(〈동정 마리아의 묵주기도〉, 17항). 도미니코회 수도자들은 묵주기도를 통해 기도하는 법을 가르치며, 예수님과 성모님의 삶에 대한 신비 묵상을 설교하였습니다. 식스토 4세 교황, 인노첸시오 8세 교황, 알렉산데르 6세 교황은 묵주기도의 형성에 기여하고 보급에 공헌한 도미니코 성인을 따르는 수도자들의 활동을 적극 권장하며 묵주기도에 대사를 부여하였습니다. 이단異端의 확산으로 교회가 어려움에 빠졌을 때, 묵주기도를 어떻게 이용하였는지를 잘 보여주는 시기였습니다(〈동정 마리아의 묵주기도〉, 17항). 당시부터 도미니코회 소속 수도자들은 '성모 시편'인 '묵주기도를 어디서든 설교할 수 있는' 특권을 부여받았습니다.

묵주기도의 대헌장

16세기 중반 트리엔트 공의회(1545~1563년)의 영향 아래 신비 묵상에 대한 열다섯 구절이 검토되면서 묵주기도는 일정한 통일성이 생겼습니다. 이때 다양한 묵주기도 형식에 대해 이해하면서 알라노 복자가 정리한 형식을 기본으로 삼습니다. 묵주기도의 형식에 대해 공식적으로 처음 언급한 이는 비오 5세 성인 교황입니다. 교황은 1569년 9월 17일, '묵주기도의 대헌장'이라 불릴 수 있는 칙서 〈로마 교황들은 주로〉를 반포합니다. 이 칙서는 묵주기도를 바치는 데 있어서 중요한 '형식'에 대해 언급한 첫 번째 교황 문헌입니다. 여기서 오늘날까지 이어지는 묵주기도의 주요한 방법들을 정리하고 있습니다.

'묵주기도' 또는 '복되신 동정 마리아의 성모 시편'이라 불리는 이 기도는 하느님께 드리는 가장 신심 깊은 기도이며, 모든 신자들이 쉽게 따라 바칠 수 있는 기도입니다. 다윗의 시편처럼 150번 반복되는 '천사의 인사말'(성모송)로 복되신 동정 마리아에 대한 공경을 표합니다. 또한 매 단의 시작에 '주님의 기도'를 바칩니다. 이처럼 정해진 주제들을 통해 우리 주님이신 예수 그리스도의 완전한 삶을 설명하며 묵상하게 됩니다. (1항)

교황 칙서에서 언급된 묵주기도 형식은 도미니코 수도회의 방식에 기초합니다. 도미니코회 소속이었던 비오 5세 성인 교황은 교서에서 묵주기도에 대해 언급합니다. 첫 번째, 묵주기도는 모든 이들이 쉽게 따라 바칠 수 있는 기도임을 강조합니다. 두 번째, 15번의 '주님의 기도'와 150번의 '성모송'을 바치도록 규정하고 있으며, 세 번째, 정해진 기도문을 반복하는 소리 기도와 예수님 일생에 대한 묵상 기도가 함께 이루어진다고 말했습니다. 교황 회칙에서 신비 구절의 목록은 정해지지 않앗지만, '주님의 기도'와 '성모송'은 그리스도의 일생 전체에 대한 '신비 구절'과 결속되어 있다고 말하고 있습니다.

열렬한 마음으로 묵주기도를 바치는 신자들이 이러한 신비 묵상을 충실히 따라 기도하면 믿지 않는 이들을 변화시키며, 이단의 두려움들을 물리치고 가톨릭 신앙의 빛을 새롭게 맞이하게 됩니다. 우리의 선임자들이 그랬던 것처럼, 우리 시대에 너무 많은 이단들로부터 위협당하고 있는 교회를 직면하게 되며, 잦은 전쟁에 고통당하고 슬퍼하는 이들을 만나게 됩니다. 또한 인간의 도덕적 타락은 참으로 가슴 아픈 일입니다. 그렇지만 다시 희망해야 합니다. 우리는 서로를 격려하고 권고하면서 주님 안에 머무는 그리스도의 충실한 자녀가 되어야 합니다. 그럼으로써 우리를 도와주시는 힘이 어디로부터 비롯되었는지를 알게 됩니다. (《로마 교황들은 주로》, 2항)

묵주기도는 오랜 시간에 걸쳐 그 형식을 갖추어 왔으며, 비오 5세 성인 교황이 축성한 묵주기도의 형식은 오늘날까지 유지되고 있습니다. 묵주기도는 그 모든 힘을 온전히 간직하고 있으며, 지금도 훌륭한 복음 전파자들이 활용하는 사목 도구로서 커다란 힘과 능력을 지니고 있습니다(《동정 마리아의 묵주기도》, 17항). 그리스도를 깊이 알게 되는 방법과 그 비결을 가르쳐 주는 묵주기도는 복음 전파의 목적에 이바지합니다(《동정 마리아의 묵주기도》, 24항).

레판토 해전 - 승리의 모후 기념일

비오 5세 성인 교황은 묵주기도를 바침으로써 이단의 어둠은 사라지고, 믿음의 빛이 세상을 환하게 비추기를 바랐습니다. 칙서를 발표 한 지 2년이 지난 1571년, 묵주기도의 은총을 증거하는 일이 일어났습니다.

그리스 서부 지역인 레판토 해안에서 서양사의 주요 사건인 '레판토 해전'이 벌어진 것입니다. 이슬람교를 믿는 오스만 제국은 지중해를 점령하고 유럽 국가들을 위협하였습니다. 이에 사태의 심각성을 직감한 유럽 국가들은 전쟁에 대비하기 위해 도미니코 성인의 축일인 8월 8일에 비오 5세 성인 교황의 주도로 '신성 동맹'을 맺습니다. 또한 교황은 참전 군인들만이 아니라, 전 세계 그리스도교 신자들에게 묵주기도를 바칠 것을 간곡히 부탁하며, 신자들과 함께 도미니코 수도회의 '산타 마리아 소프라 미네르바' 성당에서 기도하였습니다.

곧 전쟁이 일어났고, 오스만 제국의 우세에도 그리스도교 연합군은 5시간 만에 큰 승리를 거둡니다. 그리고 승전보가 로마에 이르기도 전에, 성모님께서는 비오 5세 성인 교황에게 전쟁에 승리하였음을 알려 주십니다. 이듬해인 1572년 3월 15일, 교황은 〈구원의 하느님〉이라는 칙서에서 그리스도교 연합군은 성모님께 의탁한 묵주기도로써 전쟁에 승리하였다고 선언합니다. 그 후로 '그리스도인의 도움이신 성모님'께 감사와 찬미를 드리기 위해 매년 10월 7일을 '승리의 모후 기념일'이라고 부르게 됩니다.

묵주기도의
복되신 동정 마리아 기념일

묵주기도의 복되신 동정 마리아 기념일

레판토 해전의 결과는 묵주기도가 가진 강력한 기도의 힘을 보여 줍니다. 세상 사람들은 전쟁에 나아가 승리하기 위해 강력한 무기와 힘을 내세웠지만, 신앙인들은 성모님의 도우심을 의탁하는 묵주기도를 영적 무기로 높이 들어 올렸습니다.

비오 5세 성인 교황은 레판토 해전의 승리를 기억하

는 것뿐만 아니라 우리의 영원한 승리의 모후이신 마리아께 의지하기 위해 매년 10월 7일을 '승리의 모후 기념일'로 선포합니다. 후임자인 그레고리오 13세 교황은 1573년 4월 1일, 칙서 〈사도좌 권고〉에서 '승리의 모후 기념일'을 '거룩한 묵주기도 축일'로 명칭을 변경하였습니다. 승리의 모후는 바로 묵주기도의 모후이시기 때문입니다.

> 10월의 첫 번째 주일인 일곱 번째 날에 온 세상을 통해 모든 형제들에게 받아들여진 묵주기도를 바치며, 복되신 동정 마리아의 전구로 이루어진 하늘나라에서 온 위대한 승리의 기억을 간직하기 위해 참으로 가치 있는 일을 행해야만 합니다. 하느님과 복되신 동정 마리아께 감사드리기 위하여 10월의 첫 번째 주일을 '거룩한 묵주기도 축일'로 봉헌합니다. (《사도좌 권고》, 1항)

레판토 해전을 승리로 이끈 묵주기도의 특별한 의미를 기억하기 위해, 매년 '10월의 첫 번째 주일'(10월의 첫 주일)을 '묵주기도 주일'로 정하고 전례적으로 기념하였습니다.

이 전례에 참석하는 이들에게는 풍성한 대사의 은총이 내려졌습니다. 이 축일은 1716년 10월 3일 클레멘스 11세 교황이 로마 보편 전례력에 삽입하였고, 라틴 전례 교회 전체가 10월의 첫 주일을 축일로 지내도록 하였습니다. 1913년 비오 10세 성인 교황은 축일 날짜를 10월 7일로 다시 되돌렸으며, 1960년 요한 23세 성인 교황이 축일의 명칭을 '묵주기도의 복되신 동정 마리아 기념일'로 변경하여 오늘날까지 유지하고 있습니다. 묵주기도라는 신심 행위에 대한 축일의 명칭이 묵주기도의 모후이신 마리아께 향하는 것입니다. 묵주기도는 복되신 동정 마리아와 함께 바치는 기도이기 때문입니다.

1571년 레판토 해전 이후 1683년 오스만 제국과 또 한 번의 큰 전쟁을 치렀습니다. 오스만 제국은 오늘날의 오스트리아 빈 지역을 포위하여 위협을 가하였는데, 당시 신성 로마 제국의 황제였던 레오폴트 1세는 묵주기도의 복되신 동정 마리아의 손길에 모든 희망을 걸었습니다. 이때 폴란드의 왕 얀 3세 소비에스키를 통해 성모님의 도우심이 드러났습니다. 얀 3세 소비에스키는 빈의 성 아래에서 적은 수의 군대로 오스만 제국의 군내를 격퇴하여 유럽을 구했습니다. 마치 레판토 해전 때처럼 말입니다. 이 승리는 바로 묵주기도의 동정 마리아께서 이끌어 주신 승리입니다.

영광송의 추가

묵주기도에서 소리 기도는 비오 5세 교황의 칙서 〈묵주기도 대헌장〉을 통해 15번의 '주님의 기도', 150번의 '성모송'을 바쳐 오다가, 1613년에 매 단의 끝기도로 '영광송'이 추가되었습니다. 이는 그리스도께서 성령 안에서 우리를 성부께 이끌어 주심을 드러냅니다.

'영광송'의 추가는 "영광이 성부와 성자와 성령께 처음과 같이 이제와 항상 영원히. 아멘." 하며 시간 전례를 마무리하는 형태에서 영향을 받았습니다.

묵주기도를 바칠 때마다 매 단의 끝기도로 '영광송'을 노래하며 모든 그리스도인이 드리는 기도의 고유한 구조에 다가서게 됩니다(〈동정 마리아의 묵주기도〉, 34항). 빈첸시오 드 폴 성인은 이런 말을 남겼습니다.

묵주기도는 여러분의 성무일도입니다.

교황들의 묵주기도

많은 교황들은 자신이 가장 사랑하는 기도가 묵주기도임을 여러 차례 언급하였습니다. 레오 13세 교황은 역대 교황들의 묵주기도에 대한 신심을 회칙 〈최고 사도직〉에서 요약합니다.

> 묵주기도를 바치는 것은 특히 복되신 동정녀께서 기뻐하셨으며, 교회와 모든 그리스도인들이 세상의 온갖 영적 위험을 막기 위한 가장 적합한 수단으로 여겼습니다. 의심할 바 없이 전임 교황들께서는 많은 이들에게 묵주기도를 바치기

를 권하셨습니다. 우르바노 4세 교황께서는 "그리스도인들은 매일 묵주기도를 바치며 그날의 축복을 받게 됩니다."라고 하셨으며, 식스토 4세 교황께서는 "하느님께 드리는 찬양이며, 성모님께 드리는 감사인 묵주기도는 다가오는 위험을 피하는 데 가장 적합한 기도입니다."라고 언급하셨습니다. 레오 10세 교황께서는 "묵주기도는 이단자들과 이단을 반대하기 위해 만들어진 기도입니다."라는 말씀을 하셨습니다. 율리오 3세 교황께서는 묵주기도를 "교회의 영광"이라는 이름으로 불렀습니다. 또한 비오 5세 교황께서는 "이러한 기도가 퍼짐으로써 신심 깊은 묵상을 더욱 열렬하게 하도록 하였으며, 그들의 기도는 더욱 뜨겁게 타올랐습니다. 묵주기도를 바치는 이들은 전혀 다른 사람이 되어 이단의 어둠을 물리치고 교회의 빛을 더욱 밝힙니다." 하고 선포하셨으며, 마지막으로 그레고리오 13세 교황께서는 이렇게 말씀하셨습니다. "도미니코 성인에 의해 시작된 묵주기도는 하느님의 진노를 진정시키고, 전구를 간절히 청하게 되었습니다."(5항)

묵주기도는 15세기 중반 인쇄 기술의 발전과 함께 빠른 속도로 퍼져 나갑니다. 트리엔트 공의회 이후 이탈리아 밀라노의 가롤로 보로메오 주교는 모든 본당에서 공적으로 묵주기도를 바치도록 하였는데, 이는 놀라울 정도로 많은 결실을 맺게 됩니다.

18세기에 이르러 묵주기도는 그리스도인들이 쉽게 배우고 따라할 수 있는 대중적인 기도가 됩니다. 따라서 성직자나 평신도, 가난한 이와 부유한 이, 문맹자나 지식인들 모두가 함께 바치게 되었습니다.

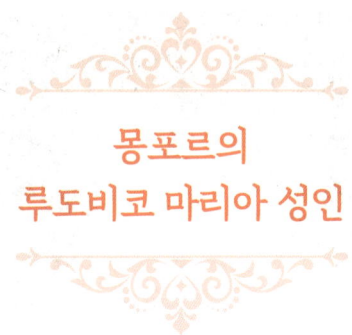

몽포르의 루도비코 마리아 성인

**레지오의 수호성인,
몽포르의 루도비코 마리아 성인**

레지오 회합 중 '성모 찬송'을 바치고 난 후, 세 성인을 호칭합니다. 요셉 성인, 요한 사도, 몽포르의 루도비코 마리아 성인은 레지오의 수호성인입니다. 레지오는 특정 성인이나 지역의 수호자를 수호성인으로 받아들이지 않기로 결정하였으나, 몽포르의 루도비코 마리아 성인을 포함시키는 것은 레지오 마리애의 교본이나 기도문에 성인의 말이 그대로 반영되고 있기 때문입니다.

레지오 마리애는 프랭크 더프를 비롯한 빈첸시오 회원들이 이 성인의 저서를 읽고 특별한 모임을 열면서 탄생했습니다. 성인이 생전에 레지오 마리애가 출현할 것을 예언하였기 때문에, 레지오의 스승인 루도비코 마리아 성인을 호칭 기도에 넣게 된 것입니다.

《레지오 교본》의 표지에는 수많은 레지오 단원들이 성모님의 깃발을 앞세우며, 전투 대열을 갖추고 있습니다. 그들은 오른손에 십자가, 왼손에 묵주를 들고, 마음속에는 예수님과 성모님의 거룩한 이름을 새기며 전진합니다. 이 모습은 그리스도의 겸손과 고행, 극기를 행동으로 실천한 몽포르의 루도비코 마리아 성인을 따르고 있는 것입니다.

마리아를 통하여 예수님께로

몽포르의 루도비코 마리아 성인은 동정 마리아 신심과 묵주기도를 널리 알리는 데 큰 역할을 했습니다.

몽포르는 프랑스 북서쪽에 있는 지역입니다. 성인은 어렸을 때부터 부모님과 삼촌 신부님에게 신앙을 배웠습니다. 기도하는 시간을 즐겼고, 특히 묵주기도를 바치는 것을 좋아했습니다. 성인은 동생과 친구들에게도 묵주기도를 가르쳐 주며 함께 바쳤습니다. 또 시간 가는 줄 모르고 성모님 앞에서 묵상에 빠져드는 일이 자주 있었습니다. 또 자신의 세례명 루도비코에 마리아를 더해 '루도비코 마리아'로 불리기를 바랄 정도로 성모님에 대한 사랑이 지극했습니다. 성인은 사제품을 받은 지 5개월 후인 1700년 11월에 도미니코 제3회원으로 입회하였습니다. 또 자신과 뜻을 함께하는 이들을 모아 '지혜의 딸 수녀회'와 '마리아 선교회'를 설립하기도 했습니다.

요한 바오로 2세 성인 교황은 교서 〈동정 마리아의

묵주기도〉에 성인이 우리가 그리스도께 동화되는 과정에서 성모님께서 하시는 역할에 대해 말한 것을 다시 한번 언급합니다.

우리의 모든 완덕은 예수 그리스도께 동화되고 결합되며 봉헌되는 것입니다. 그러므로 가장 완전한 형태의 신심은 분명히 예수 그리스도께 동화되고 결합되어 우리를 그분께 더욱 완전하게 봉헌하는 것입니다. 마리아께서는 모든 피조물 가운데 예수 그리스도를 가장 많이 닮으신 분이므로, 모든 신심 가운데에서 그분의 어머니 마리아께 대한 신심은 우리 영혼을 우리 주님께 바쳐 주님과 동화되게 하는 것입니다. 성모님께 영혼을 봉헌하면 할수록 그만큼 예수 그리스도께 영혼을 봉헌하는 것입니다.

성인은 프랑스 지역을 두루 다니며 그리스도의 육화와 십자가 죽음, 부활에 대한 설교로 많은 이들을 감동시켰으며, '마리아를 통하여 예수님께 Ad Iesum per Mariam' 가는 길을 가르쳤습니다. 예수님과 성모님에 대한 묵상을 감동적인 언어로 결합하였고, 성모님께서 카나의 혼인 잔치에서 하셨던 것처럼 몇 마디 말씀으로 쉽게 그리스도인들을 변화시켰습니다. "무엇이든지 그가 시키는 대로 하여라."(요한 2,5) 성모님의 이 말씀을 따라 주님께서 시키시는 일을 하는 시종이었던 성인은 자신의 저서와 설교를 통하여 묵주기도를 항상 바치도록 강하게 권고했습니다.

《성모님께 대한 참된 신심》

성인은 1712년경 《성모님께 대한 참된 신심》이라는 책을 저술하였습니다.

적어도 악마들은 이 작은 책이 세상의 빛을 받지 못하게 어두운 구석이나 궤짝 깊은 곳에 처박아 두게 하고, 더욱이 이 책을 읽고 행동으로 실천하는 사람들을 붙잡아 박해할 것이다.

(114항)

이 예언대로 이 책은 출간되지 못하다가 130년이 지난 1842년 4월 21일에서야 발견되었습니다. 요한 바오로 2세 성인 교황은 늘 이 책을 품고 다니며 읽곤 하였습니다. 교황은 '온전히 당신의 것Totus Tuus'이라는 사목 표어가 이 책에 나와 있는 루도비코 마리아 성인의 가르침을 따른 것이라고 말했습니다.

저는 모두 님의 것입니다. 저의 모든 것이 당신 것입니다. 저의 전부를 당신께 바치오니, 오! 마리아님, 당신 마음을 제게 주소서.

《묵주기도의 비밀》

루도비코 마리아 성인이 말년에 저술한 또 한 권의 책은 《묵주기도의 비밀》입니다. 이 책은 묵주기도 5단처럼 총 5장으로 구성되어 있습니다. 각 장마다 10개의 장미 꽃송이로 내용을 풀어내는데 '제1장 묵주기도의 기원과 명칭, 제2장 기도문, 제3장 묵주기도 신비의 내용, 제4장 묵주기도의 효과, 제5장 묵주기도의 배열과 은사'에 대해 정리하고 있습니다. 성인은 이 책에서 묵주기도의 명칭을 분명히 정의합니다.

일찍이 알라노 복자는 하느님의 소리인 이 신심을 하느님 백성의 소리로 쇄신시킨 이후로 이것을 로사리오(묵주기도)라고 불렀습니다. '로사리오'라는 말은 '장미 화관'을 의미하는데 사람들이 묵주기도를 정성껏 바칠 때마다 천국의 흰 장미꽃 백 쉰 송이와 붉은 장미꽃 열여섯 송이로 된 화관을 예수님과 성모 마리아의 머리에 씌워 드리는 것입니다. 천상의 꽃이 된 이 장미꽃들은 결코 시들거나 그 우아한 아름다움을 잃지 않을 것입니다.

주님을 찾는 가장 쉽고 확실한 방법은 예수 그리스도를 향한 완벽한 믿음을 가지고 성모 신심을 견고히 하는 것입니다. 묵주기도는 그러한 신심을 드러내는 가장 좋은 기도입니다.

성인은 그리스도인들이 세례 때의 서약을 충실히 지

키기 위한 효과적 수단으로 성모님의 손을 통하여 그리스도께 자신을 봉헌할 것을 말했습니다. 묵주기도 안에서 성덕에 이르는 참된 길을 찾은 수많은 성인들의 이름을 다 열거하기는 어렵지만, 묵주기도에 관한 훌륭한 책을 쓴 몽포르의 루도비코 마리아 성인은 특별히 기억할 필요가 있습니다(〈동정 마리아의 묵주기도〉, 8항).

묵주기도 성월과 묵주기도의 해

묵주기도 성월

레오 13세 교황은 묵주기도와 관련하여 11개의 회칙을 반포함으로써 묵주기도에 대한 신심을 널리 전파했습니다. 이러한 공로로 레오 13세 교황을 '묵주기도의 교황'이라고 부릅니다. 교황은 성모 호칭 기도에 '묵주기도의 모후'를 추가했으며, 묵주기도야말로 참되고 적합한 그리스도인의 기도라고 생각했습니다. 그리고 성모 신심과 관련해서 7개의 회칙을 반포하여 신자들에게 성모 마리아에 대한 신심을 장려했습니다.

교황은 1883년 9월 1일 반포한 〈최고 사도직〉이라는 회칙에서 10월을 '묵주기도 성월'로 선포하고 세계 평화와 죄인들의 회개를 위해 함께 묵주기도를 바칠 것을 호소합니다. 10월이 '묵주기도 성월'이 된 것은 10월 7일이 '묵주기도의 복되신 동정 마리아 기념일'이기 때문입니다.

교황은 교회와 모든 그리스도인들을 보호해 주는 방패 역할을 수행하는 가장 적합한 기도가 묵주기도라는 것을 강조하였습니다. 또 모든 그리스도인이 혼자든 가족과 함께든, 공동체 안에서든 끊임없이 묵주기도를 바치며 10월 한 달을 '묵주기도의 모후'께 봉헌하기를 희망하였습니다.

묵주기도의 해

요한 바오로 2세 성인 교황은 교황직을 수행한 지

25년이 되는 해의 첫날인 2002년 10월 16일, 바티칸 광장에서 있었던 일반 알현 자리에서 이렇게 말했습니다.

> 사랑하는 형제 자매 여러분, 저는 최근에 저의 고향 폴란드를 방문하였습니다(2002년 8월 19일 방문). 그곳에서 성모님께 기도드렸습니다. '성모님, 저의 육신과 정신을 강하게 하시어 제가 부활하신 주님으로부터 부여받은 소명을 끝까지 수행할 수 있도록 해 주십시오. 당신께 제 삶과 제 직무의 모든 결실을 봉헌합니다. 또한 당신께 교회의 미래를 의탁하나이다. 모두 성모님의 것입니다. 마리아, 모두 당신 것입니다. 아멘.'
> 저는 24년간 교황직을 맡아 온 것에 대해 하느님께 감사드립니다. 25년의 첫날인 오늘, 성모님의 손에 저를 새로이 맡깁니다. 어머니께서는 당신의 아드님이신 그리스도께 우리를 가장 확실하게 인도하여 주십니다. 오늘 두 가지 상징적인 행위로 이러한 바람을 분명히 하고자 합니다. 저는 교서 〈동정 마리아의 묵주기도〉를 반포합니다. 그리고 이 교서와 함께 2002년 10월부터 2003년 10월까지를 '묵주기도의 해'로 선포합니다. (2002년 10월 16일, 바티칸 일반 알현 강론)

레오 13세 교황의 회칙 발표 120주년 기념

요한 바오로 2세 성인 교황은 교서 〈동정 마리아의 묵주기도〉에서 '묵주기도의 해'를 선포한 이유를 말했습니다. 1883년 9월 1일에 반포된 레오 13세 교황의 〈최고 사도직〉 회칙 120주년을 계기로 삼아, 2002년 10월 '묵주기도 성월'을 시작으로 2003년 10월까지 한 해 동안 여러 그리스도교 공동체에서 묵주기도를 특별히 강조하고 장려하기를 바랐습니다. 이는 레오 13세 교황이 묵주기도가 사회악을 물리치는 효과적인 영적 무기라고 선언했기 때문입니다〈동정 마리아의 묵주기도〉, 2항).

제2차 바티칸 공의회 개막 40주년 기념

'묵주기도의 해'가 시작된 2002년 10월은 제2차 바티칸 공의회의 개막(1962년 10월 11일) 40주년을 맞이하는 달이기도 합니다. 요한 23세 성인 교황은 공의회의 성공을 위하여 모든 그리스도인들에게 묵주기도를 바칠 것을 권고했습니다. 묵주기도는 개인적 관상을 풍요롭게 하고 하느님 백성을 교육할 뿐 아니라, 새로운 복음화를 위하여 날마다 영성 훈련의 풍부한 기회를 제공합니다. 그러므로 하느님의 성령께서 우리 시대의 교회에 마련해 주신 "위대한 은총"이었던 제2차 바티칸 공의회 개막 40주년(2002년 10월 11일)의 의미를 되새기며 묵주기도를 강조한 것은 더욱 기쁜 일이었습니다〈동정 마리아의 묵주기도〉, 3항). 바오로 6세 성인 교황도 교황 권고 〈마리아 공경〉에서 제2차 바티칸 공의회의 정신에 따라 묵주기도가 복음적 특성을 가진 그리스도 중심의 기도라는 것을 강조했습니다〈동정 마리아의 묵주기도〉, 2항). 묵주기도는 구원의 역사를 효과적으로 집약하고 있으며, 그 구원의 역사 속에서 성모님께서 하시는 여러 가지 활동을 잘 드러냅니다.

요한 바오로 2세 성인 교황 선출 25년 기념

요한 바오로 2세 성인 교황은 1978년 10월 16일 교황으로 선출되었습니다. 선출된 지 2주도 채 되지 않은 10월 29일, 일반 알현 중에 묵주기도에 대해 이렇게 말하였습니다.

묵주기도는 제가 가장 사랑하는 기도입니다. 묵주기도는 놀라운 기도입니다! 그 단순함과 심오함은 참으로 놀랍습니다. 묵주기도는 어떤 의미에서 제2차 바티칸 공의회의 교회에 관한 교의 헌장 〈인류의 빛*Lumen Gentium*〉의 마지막 장인 '그리스도와 교회의 신비 안에 계시는 천주의 성모 복되신 동정 마리아'의 묵상 기도라고 할 수 있습니다. '성모송'을 바칠 때 예수 그리스도의 생애의 주요 사건들이 영혼의 눈앞으로 지나갑니다. 그 사건들이 '환희와 고통과 영광의 신비'의 요약 안에 모아지고, 우리는 이를테면 성모님의 마음을 통하여 바로 예수님과 생생하게 결합됩니다. 또한 동시에 우리는 개인과 가정과 국가와 교회와 온 인류의 삶을 이루는 모든 사건, 곧 우리 한 사람 한 사람과 이웃들, 특히 우리에게 가까운 이웃들과 우리가 사랑하는 사람들이 겪는 일들을 마음에 담고 묵주기도 한 단 한 단을 바칠 수 있습니다. 그러므로 단순한 묵주기도는 인생의 그러한 맥박을 드러냅니다. (〈동정 마리아의 묵주기도〉, 2항)

이밖에도 교황직에 오른 첫해부터 묵주기도의 일상 주기에 맞추어 지냈으며, 교황직 수행 25주년을 시작하면서도 그렇게 하겠다고 선언했습니다. 교황은 묵주기도를 바치며 성모님께 헤아릴 수 없이 많은 은총을 받았기 때문이라고 고백했습니다.

10월 7일 '묵주기도의 복되신 동정 마리아 기념일'을 시작으로 10월 '묵주기도 성월'의 선포와 2002년 '묵주기도의 해'까지, 묵주기도에 대한 특별한 강조는 하루가 한 달이 되고, 한 달이 일 년이 되어 그 간절함이 더욱 확장되어 갑니다. 묵주기도는 오늘날에도 많은 그리스도인들에게 세상의 온갖 영적 위험을 막는 가장 훌륭한 기도입니다. 세상의 평화와 죄인의 회개를 위해 묵주기도가 절실히 필요한 시대입니다.

한눈에 알 수 있는 **묵주기도 핵심 정리**

- 열 번의 '성모송'을 1단으로 묶는 것은 '열 줄 수금'으로 찬미의 노래를 불러 드리는 것이며, 각 신비의 5개의 신비 선포 묵상 구절들은 그리스도의 오상五傷에 대한 공경의 표현입니다.

- 묵주기도의 묵상 기도와 소리 기도는 기도의 영靈과 육肉이 됩니다.

- 비오 5세 성인 교황의 묵주기도 형식에 대한 축성은 오늘날의 묵주기도에까지 이르게 되었습니다. 묵주기도

를 바침으로써 이단의 어둠은 사라지고, 믿음의 빛이 세상을 환하게 비춥니다.

- '그리스도인의 도움이신 성모님'께 감사와 찬미를 드리기 위해, 레판토 해전에서 승리한 10월 7일을 '승리의 모후 기념일'로 정했습니다. '승리의 모후 기념일'은 '거룩한 묵주기도 축일'로 변경되었다가, 지금은 '묵주기도의 복되신 동정 마리아 기념일'이 되었습니다.

- 공동체가 함께 모여 바치는 묵주기도는 하느님께 더 큰 영광을 드리는 것입니다.

- 매년 10월 7일은 '묵주기도의 복되신 동정 마리아 기념일'이고, 10월은 '묵주기도 성월'이며, 2002년 10월부터 일 년간은 '묵주기도의 해'였습니다.

2

묵주기도의 구성

교황 교서, ⟨동정 마리아의 묵주기도⟩

교서 ⟨동정 마리아의 묵주기도⟩의 반포

요한 바오로 2세 교황이 2002년 10월 16일에 교서 ⟨동정 마리아의 묵주기도⟩를 반포한 이유는 세 가지로 말할 수 있습니다.

첫 번째는 2002년이 레오 13세 교황이 묵주기도가 사회악을 물리치는 효과적인 영적 무기라는 선언을 하며 '묵주기도 성월'을 선포한 지 120년을 맞이하였기 때문이고, 두 번째는 제2차 바티칸 공의회 개막 40주년이며, 마지막 이유는 교서가 반포된 10월 16일은 요한 바오로 2세 성인 교황이 직무를 수행한 지 25년에 들어서는 첫날이었기 때문입니다.

교서의 구성

〈동정 마리아의 묵주기도〉는 묵주기도에 관하여 주교와 성직자와 신자들에게 보내는 사목적 차원의 교서입니다. 이 교서는 '묵주기도의 교과서'처럼, 오늘날의 묵주기도를 깊이 있게 이해하도록 합니다.

서론(1항-8항)

묵주기도를 특별히 사랑한 선임 교황들의 말과 묵주기도에 대한 짧은 역사를 설명하고 '묵주기도의 해'를 선포합니다. 묵주기도를 바치는 것이 주님을 향한 관상의 길을 걷는 데 얼마나 중요한 기도인지 깨닫도록 합니다.

제1장 (9항-17항)

묵주기도는 성모님과 함께 태양처럼 빛나는 그리스도의 얼굴을 바라보며, 관상의 모범이신 성모님과 함께 그리스도를 기억하게 됩니다. 성모님으로부터 그리스도를 배우며, 그리스도를 닮도록 기도하고 선포합니다.

제2장 (18항-25항)

'복음의 요약'인 묵주기도는 전통적으로 시편의 총수에 상응하는 150이라는 숫자에 따라 '환희의 신비'와 '고통의 신비', '영광의 신비'를 바쳐 왔습니다. 그리고 그리스도의 공생활에 대한 묵상인 '빛의 신비'를 새롭게 추가함으로써 묵주기도의 신비에 대한 적절한 보완이 이루어집니다.

"내가 이 세상에 있는 동안 나는 세상의 빛이다."(요한 9,5) 이 복음 말씀처럼 공생활 기간 동안 그리스도의 신비는 바로 '빛의 신비'입니다. 차례로 선포되는 신비 묵상에서 그리스도의 신비를 통해 인간의 신비가 드러납니다. 그럼으로써 빛이신 그리스도를 우리 삶의 빛으로 삶을 수 있는 가장 좋은 기도인 묵주기도를 발견하게 됩니다.

제3장 (26항-38항)

"나에게는 그리스도가 생의 전부"(필리 1,21)임을 깨닫고 이러한 성덕에 이르도록, 묵주기도가 신비와 동화될 수 있게 도와줌을 설명합니다. 또한 구체적으로 묵주기도를 바치는 유효한 방법들을 제시하고 있으며, 묵주기도 중에 바치는 기도문의 의미를 설명합니다.

신비의 선포와 하느님 말씀에 귀 기울이는 성경 봉독, 그리고 매 단마다 신비 선포 이후에 이루어지는 '주님의 기도', 열 번의 '성모송', '영광송', '짧은 마침 기도'(한국 교회에서는 '구원을 비는 기도'를 바치고 있습니다.)에 대한 기도 방식을 설명합니다.

묵주기도의 진행을 표시하며 세는 도구인 묵주는 그리스도인의 관상과 완덕의 끝없는 길을 가리킵니다. 시작 기도('사도신경', '니케아-콘스탄티노폴리스 신경', 시편 70,1)와 마침 기도('성모 찬송', '성모 호칭 기도', '교황의 기도 지향')를 통해 묵주기도의 다양한 형식을 보여 주며, 마지막으로 '빛의 신비'의 추가로 생긴 '요일'의 변화를 말해 줍니다.

결론(39항-43항)

'우리를 하느님께 묶어 주는 아름다운 사슬인 복되신 성모님의 묵주기도'가 우리 구원을 위해 얼마나 필요한 기도인지를 강조합니다. 대중 신심의 단순성을 지니고 있으면서도 신학적 깊이도 갖춘 묵주기도는 "우리의 평화"(에페 2,4)이신 그리스도를 통해 평화의 기도로 바칩니다. 그리고 복음적 가정 공동체를 위해 부모와 자녀들이 가정에서 함께 바치기를 권고합니다. 거룩한 전례에 부합되고 일상생활에 어울리는 묵주기도의 사목적 가치를 다시금 발견하도록 요청하며 교서를 마칩니다.

교서의 시작과 마침

교서의 첫 구절과 마지막 구절은 이렇습니다.

동정 마리아의 묵주기도는 성령의 인도 아래 많은 성인들의 사랑을 받고 교도권이 권장해 온 기도입니다. (1항)

이 교서를 동정 성모님의 지혜로운 손길에 맡겨 드립니다. 바티칸에서 교황 재위 제25년 첫날 요한 바오로 2세 교황. (43항)

묵주기도 신비의 시작인 '환희의 신비' 1단은 '마리아께서 예수님을 잉태하심을 묵상합시다.'입니다. 그리고 마지막인 '영광의 신비' 5단은 '예수님께서 마리아께 천상 모후의 관을 씌우심을 묵상합시다.'로 선포됩니다. 성모님으로부터 시작해서 성모님으로 마치는 신비 묵상처럼, 성모님의 이름으로 시작된 〈동정 마리아의 묵주기도〉는 성모님의 지혜로운 손길에 교서를 봉헌하며 마치고 있습니다. 묵주기도는 당신 아드님의 탄생부터 공생활과 죽음, 그리고 부활을 바라보며 묵상하신 성모님을 닮아 가는 가장 아름다운 기도입니다. 그래서 묵주기도로 하루를 시작하고 마치는 이들은 행복합니다.

† 교황 교서, 〈동정 마리아의 묵주기도〉

묵주기도의 신비 묵상

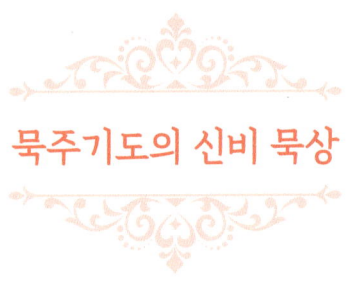

묵주기도의 신비 묵상

묵주기도를 바칠 때마다 매 단의 신비 주제를 선포합니다. 신비의 선포는 소리 기도의 시작인 '주님의 기도'를 바치기 전에 이루어집니다. 묵주기도의 신비들은 메시아 시대의 기쁨, 그리스도의 수난, 교회를 가득 채우는 부활하신 주님의 영광을 표현합니다. 하지만 묵주기도를 바치면서 신비 묵상을 생략하고 바로 소리 기도로 이어지거나, 형식적인 묵상을 하는 경우가 자주 있습니다. 매 단의 신비를 낭독하거나, 신비를 표현하는 표상의 적절한 사용은 기도의 흐름이 잘 이어지도록 합니다. 따라서 기도하는 이가 관심을 기울이며 묵상에 효과적으로 집중할 수 있습니다. 이 묵상은 그리스도의 삶을 실제 묵상하면서 그리스도인의 삶에 효과적인 신앙 생활을 제시해 주고 있습니다.

요한 바오로 2세 성인 교황은 교서 〈동정 마리아의 묵주기도〉에서 신비 묵상이 잘 이루어지도록 묵상 방식을 소개합니다. '환희의 신비'부터 '영광의 신비'까지 이어지는 신비 주제는 '복음의 요약'으로서 구원의 역사를 그리스도의 생애를 통하여 핵심적으로 바라보도록 초대합니다. 교서에 제시된 신비 묵상 방법은 이러합니다(〈동정 마리아의 묵주기도〉, 29항-31항 참조).

신비 묵상 방법

① 신비 선포

신비를 선포함으로써 그리스도 생애의 특별한 사건과 순간을 지향합니다. 신비 선포는 그리스도의 생애 전체를 묵상하도록 주제별로 제시되어 있습니다. 신비 묵상이 요일마다 영적인 '색깔'을 부여하는 방식으로 배분되어 있기 때문에 요일의 영적 의미를 묵상하며 신비를 시작합니다.

② 성화상^{聖畫像} 묵상

이냐시오 데 로욜라 성인이 《영신 수련》에서 제안한 것처럼 인간의 감각에 호소하는 교회의 전통적인 기도 방식이 있습니다. 성화^{聖畫}나 성상^{聖像}을 바라보며 깊게 묵상하는 것은 우리의 마음을 특정한 신비에 집중시키는 데에 큰 도움이 됩니다. 또는 신비 주제와 관련된 영상^{映像}을 이용할 수도 있습니다. 성화상 자체를 보며 그 의미를 성경 말씀과 연결 지어 헤아려 보거나, 성화상을 통해 기도를 마음속으로 그려 볼 수 있도록 도움을 주는 묵상서를 이용해도 좋습니다.

③ 성경 봉독

신비들은 복음을 대신할 수 없고, 짧은 선포로 그 내용을 모두 담을 수 없습니다. 즉 묵주기도가 성경 봉독을 대신할 수는 없는 것입니다. 오히려 묵주기도는 성경 읽기를 전제로 하고 권고합니다. 신비를 선포한 다음, 상황에 따라 길거나 짧게 그 자리나 신비 주제에 어울리는 성경 봉독을 하는 것은 묵주기도 묵상에 큰 도움이 됩니다. 어떠한 것도 성령의 감도를 받아 쓰인 성경 말씀에 비할 수 없습니다.

"믿음은 들음에서 오고 들음은 그리스도의 말씀으로 이루어집니다."(로마 10,17)

④ 말씀 묵상

신비 선포 주제와 관련된 성경 봉독 후에 말씀 묵상을 합니다. 적절한 설명이나 해설은 신비 묵상을 더욱 명료하게 합니다. 신비 주제와 그 성경 말씀과 관련된 성인들의 말, 또는 신비 주제를 풀어쓴 다양한 기도서를 이용할 수도 있습니다. 가장 좋은 것은 신비에 대한 관련 성경 말씀을 자신의 신앙과 연결하여 풀어내는 것입니다. 공동체가 함께 묵주기도를 바칠 때에는 성경 말씀의 봉독과 함께 말씀에 대한 묵상을 통한 간략한 해설이 적절히 이루어지는 것도 좋습니다.

⑤ 침묵

성경 말씀의 경청과 묵상은 '침묵'으로 더욱 풍요로워집니다. 침묵 가운데 얼마 동안 신비에 관심을 집중한 다음, 소리 기도로 넘어가는 것이 좋습니다. 매 단의 신비 선포 바로 직후나 신비 선포와 성경 봉독 후, 혹은 성경 말씀 묵상을 하며 잠시 침묵하고 '주님의 기도'를 바칩니다. 전례에서 침묵의 순간이 권고되는 것과 마찬가지로, 묵주기도를 바칠 때에도 하느님 말씀에 귀 기울인 다음, 그 말씀 안에 잠시 머무르며 특정 신비의 가르침에 마음을 모으는 것이 좋습니다.

묵주기도 신비 묵상에 대한 다섯 가지 방법은 이미 잘 아는 어떤 것을 단순히 묵상하는 데에서 오는 지루함을 막을 뿐만 아니라, 기도의 순간에 하느님께서 우리에게 직접 말씀해 주시도록 합니다. 앞서 제시된 다섯 가지 신비 묵상 방법은 실제 순서적으로 행할 수도 있지만, 상황에 따라 적절하게 선택하거나 생략할 수도 있습니다. 중요한 것은 매 단의 소리 기도가 시작되기 이전에 신비에 대한 묵상을 행한다는 것입니다.

신비 묵상 주제들

전통적으로 묵주기도의 신비 묵상은 3개의 신비 주제('환희의 신비', '고통의 신비', '영광의 신비')로 되어 있습니다. 이러한 신비 주제들은 주님의 탄생에서 부활까지 연대기적인 시간적 순서만을 따르는 것이 아니라, 초대 교회가 신앙을 선포하던 양식을 반영하고 있습니다. 바오로 사도가 '필리피 신자들에게 보낸 서간'에서 노래한 '그리스도 찬가'(2,6-11)에서처럼, 그리스도의 신비를 **자**

기 비움(육화, Kenosis), 죽음, 영광으로 표현하고 있습니다
(〈마리아 공경〉, 45항).

그리스도 찬가(필리 2,6-11)	
그분께서는 하느님의 모습을 지니셨지만 하느님과 같음을 당연한 것으로 여기지 않으시고 오히려 당신 자신을 비우시어 종의 모습을 취하시고 사람들과 같이 되셨습니다.	자기 비움 – '환희의 신비'
이렇게 여느 사람처럼 나타나 당신 자신을 낮추시어 죽음에 이르기까지, 십자가 죽음에 이르기까지 순종하셨습니다.	죽음 – '고통의 신비'
그러므로 하느님께서도 그분을 드높이 올리시고 모든 이름 위에 뛰어난 이름을 그분께 주셨습니다. 그리하여 예수님의 이름 앞에 하늘과 땅 위와 땅 아래에 있는 자들이 다 무릎을 꿇고 예수 그리스도는 주님이시라고 모두 고백하며 하느님 아버지께 영광을 드리게 하셨습니다.	부활 – '영광의 신비'

이러한 전통적인 신비 묵상 주제는 교서 〈동정 마리아의 묵주기도〉에서 공생활에 대한 묵상인 '빛의 신비'가 추가되며 변화하였습니다. '빛의 신비'의 추가는 묵주기도의 그리스도 중심적인 본질을 증진하도록 그리스도의 세례와 수난 사이의 공생활의 신비를 보완하였습니다. 묵주기도가 더욱 완전한 복음의 요약이 되려면 그리스도의 강생과 드러나지 않은 생활('환희의 신비')을 묵상한 다음, 그리스도의 수난의 고통('고통의 신비')과 부활의 승리('영광의 신비')를 묵상하기 전에 그리스도의 공생활에서 특별히 중요한 몇몇 순간들('빛의 신비')을 묵상해야 합니다. 묵주기도의 전통적인 형태의 본질적인 측면을 훼손하지 않고 이러한 새로운 신비를 추가하는 것은 그리스도교 영성에서 환희와 빛과 고통과 영광 자체이신 그리스도의 깊은 마음에 이르는 참된 길이 됩니다 (〈동정 마리아의 묵주기도〉, 19항).

우리는 묵주기도의 본질적인 부분인 신비 묵상에 대한 다섯 가지 묵상 방법(① 신비 선포, ② 성화상 묵상, ③ 성경 봉독, ④ 말씀 묵상, ⑤ 침묵)을 구체화하고 효과적으로 다양하게 실천할 수 있도록 노력해야 합니다. 매 단을 바칠 때마다 제시되는 방법뿐만 아니라 묵주기도 묵상서를 이용하거나, 개인적으로 신비 묵상 노트를 만들어 기도해 보시기를 권합니다.

빛의 신비

교서 〈동정 마리아의 묵주기도〉의 빛의 신비

기존 묵주기도 형식에 큰 변화가 생긴 것은 교서 〈동정 마리아의 묵주기도〉를 통해 '빛의 신비'가 추가되면서부터입니다. 묵주기도는 강생의 신비와 인간 구원에 중심을 둔 복음적인 기도로서 명백히 그리스도를 향한 기도입니다. 그래서 바오로 6세 성인 교황은 묵주기도는 '복음의 요약'이라고 말했습니다.

신비의 보완

그리스도 일생 전체에 대한 온전한 '복음의 요약'이 되려면, 그리스도의 강생과 드러나지 않은 생활('환희의 신비')을 묵상한 다음, 그리스도의 수난과 고통('고통의 신비'), 부활의 승리('영광의 신비')를 묵상하기 전에 공생활에서 특별히 중요한 몇몇 순간들을 묵상해야 합니다(《동정 마리아의 묵주기도》, 19항). 이것이 '빛의 신비Lucis mysteria'입니다. '빛의 신비'는 "내가 이 세상에 있는 동안 나는 세상의 빛이다."(요한 9,5)라고 하신 말씀에서 '세상의 빛'이신 그리스도의 공생활을 선포하고 묵상하도록 이름 지어졌습니다.

요한 바오로 2세 성인 교황은 그리스도 생애의 중요한 순간 다섯 가지, 곧 '빛의 신비'를 그리스도인 공동체에 제시합니다(《동정 마리아의 묵주기도》, 21항). 그리스도의 세례와 수난 사이의 공생활의 신비를 보완하는 것이 필요하다고 여겼기 때문입니다. 이는 묵주기도가 그리스도 중심의 기도임을 분명히 드러냅니다.

빛의 신비의 주제 묵상

우리는 성경 말씀을 읽음으로써 묵주기도의 신비를 더 깊이 있게 바라볼 수 있습니다. '빛의 신비'의 주제를 비롯한 각 주제와 관련된 성경 말씀은 다음과 같이 묵상할 수 있습니다. '빛의 신비'는 핵심적으로는 그리스도의 공생활을 묵상하도록 정해졌으나, 기도를 바치며 묵상하는 이들에게는 또 하나의 지향을 담고 있습니다. '그리스도의 공생활'뿐만 아니라, '그리스도인의 공생활'에 대한 묵상도 함께 이루어지는 것입니다. 우리는 세례를 받고 그리스도인으로서 공적인 삶을 시작합니다.

'빛의 신비'

"내가 이 세상에 있는 동안 나는 세상의 빛이다." (요한 9,5)

제1단 예수님께서 세례 받으심을 묵상합시다.	마태 3,13-17
제2단 예수님께서 카나에서 첫 기적을 행하심을 묵상합시다.	요한 2,1-11
제3단 예수님께서 하느님 나라를 선포하심을 묵상합시다.	마태 4,12-17; 마르 1,14-15; 루카 4,14-15
제4단 예수님께서 거룩하게 변모하심을 묵상합시다.	마태 17,1-8; 마르 9,2-8; 루카 9,28-36
제5단 예수님께서 성체성사를 세우심을 묵상합시다.	마태 26,17-30; 마르 14,12-26; 루카 22,7-20; 요한 13,26-30; 1코린 11,23-25

빛의 신비와 교회의 7성사

'빛의 신비'에 등장하는 5개의 주제는 그리스도 공생활의 중요한 순간을 공동체에 제시하며, 동시에 그리스도인들의 '성사'를 나타내기도 합니다.

교회의 7성사(세례성사, 견진성사, 성체성사, 고해성사, 병자성사, 혼인성사, 성품성사)는 그리스도인의 신앙생활을 탄생시키고 성장시키며, 치유하고 사명을 부여합니다. 이 점에서 자연적인 삶의 단계와 영적인 삶의 단계가 어느 정도 유사하다는 것을 발견할 수 있습니다(《가톨릭 교회 교리서》, 1210항). 성사는 그리스도인의 탄생부터 죽음까지 모든 삶의 과정을 축복합니다. 그러므로 '빛의 신비'는 그리스도의 공생활에 대한 묵상이면서 그리스도인의 삶을 성사적으로 드러내고 있는 신비 묵상입니다.

제1단 예수님께서 세례 받으심을 묵상합시다
- 세례성사

죄를 모르시지만 우리를 위하여 "죄 있는" 분이 되신 (2코린 5,21 참조) 그리스도께서 물속으로 걸어 들어가실 때, 하늘이 열리고 그분을 당신의 사랑하는 아들로 선언하시는 하느님의 목소리를 듣습니다(〈동정 마리아의 묵주기도〉, 21항). 그리스도인의 새 삶의 시작인 세례를 묵상하도록 초대하고 있으며, 세례성사로 그리스도인들의 공생활이 시작됩니다.

제2단 예수님께서 카나에서 첫 기적을 행하심을 묵상합시다 - 혼인성사

예수님은 카나의 혼인 잔치에서 첫 기적을 행하셨습니다. '첫 신자'인 성모님의 전구로 그리스도께서는 물을 포도주로 변화시키시고, 제자들의 마음을 신앙으로 열어 주십니다. 카나의 혼인 잔치의 기적은 그리스도인의 혼인성사를 묵상하도록 초대합니다.

제3단 예수님께서 하느님 나라를 선포하심을 묵상합시다 - 견진성사

예수님은 하느님의 나라가 다가왔다고 알리시고 회개를 촉구하십니다(마르 1,15). 이 선포 자체가 '빛의 신비'입니다. 견진성사를 통하여 그리스도를 더욱더 닮게 된 이들은(《가톨릭 교회 교리서》, 1322항) 새 삶을 견고하게 하고 세상에 나아가 그리스도를 전하는 이 성사를 묵상하도록 초대합니다.

제4단 예수님께서 거룩하게 변모하심을 묵상합시다 - 고해성사, 병자성사

전통적으로 가장 뛰어난 '빛의 신비'는 타보르 산에서 있었다고 여겨지는 변모입니다. 그리스도의 얼굴에 하느님의 영광이 빛납니다(《동정 마리아의 묵주기도》, 21항). 거룩한 변모는 영적인 변모와 육적인 변모를 떠올리게 합니다. 고해성사와 병자성사는 영적인 치유와 육적인 치유의 성사입니다(《가톨릭 교회 교리서》, 1421항). 영적인 치유가 이루어지는 고해성사와 육적인 치유가 이루어지기를 청하는 병자성사를 묵상하도록 초대합니다.

제5단 예수님께서 성체성사를 세우심을 묵상합시다
- 성체성사, 성품성사

그리스도께서는 빵과 포도주의 형상으로 당신의 몸과 피를 음식으로 내어 주시며, 인류 구원을 위하여 이제 곧 당신 자신을 희생 제물로 바치실 "극진한"(요한 13,1 참조) 인간 사랑을 보여 주십니다(〈동정 마리아의 묵주기도〉, 21항). 성체성사는 성사 중의 성사로서 모든 성사의 정점이며, 다른 모든 성사는 마치 자신들의 목적을 향하듯 성체성사를 지향하고 있습니다(《가톨릭 교회 교리서》, 1211항). 성체성사의 제정은 성체성사를 집전하는 품계(주교품, 사제품, 부제품)에 오르는 성품성사와도 연결됩니다(《가톨릭 교회 교리서》, 1537항).

입문 성사인 세례성사, 견진성사, 성체성사. 치유의 성사인 고해성사, 병자성사. 친교와 사명을 위한 성사인 성품성사와 혼인성사까지 7성사는 유기체를 이루며, 각각 지극히 중요한 위치를 차지하고 있습니다.

'빛의 신비'는 그리스도 공생활의 시간적 순서를 따르면서, 전체가 서로 영향을 주며 결합되어 있습니다. 모든 신비가 결정적으로 마지막 신비인 성체성사를 향하고 있기에 '빛의 신비'에서 성체성사만이 유일하게 그 이름을 드러내는 것입니다. 성체성사는 그리스도교 생활 전체의 원천이며 정점입니다. 또한 교회의 모든 직무나 사도직 활동과 마찬가지로 다른 여러 성사들은 성찬례와 연결되어 있고 성찬례를 지향하고 있습니다.

'빛의 신비'의 다섯 가지 주제에서 카나의 혼인 잔치를 제외하면 성모님의 모습은 드러나지 않습니다. 그러나 성모님께서 카나에서 해 내신 역할은 그리스도의 여정 내내 자리합니다. 요르단강에서 예수님께서 세례를 받으실 때에 하느님 아버지께서 직접 선포하시고 요한 세례자가 되풀이하였던 그 계시가 카나에서 성모님의 말씀으로 드러납니다.

"무엇이든지 그가 시키는 대로 하여라."(요한 2,5)

이 계시는 모든 시대의 교회에 당부하시는 어머니의

위대한 권고입니다. 이 권고는 공생활 동안 그리스도의 말씀과 기적들을 이끌어 내며, '빛의 신비' 전체의 밑그림을 이룹니다(《동정 마리아의 묵주기도》, 21항).

그리스도 생애의 수많은 신비 가운데 일부만이 교회 권위의 승인을 받아 묵주기도의 신비로 자리 잡았습니다. 이것이 오늘날 우리가 바치는 묵주기도의 형식이며, 시편의 총수에 상응하는 150이라는 숫자에 따라 이루어진 것입니다.

하지만 요한 바오로 2세 성인 교황은 묵주기도가 그리스도 중심적인 기도라는 사실에 비추어, 공생활의 묵상인 '빛의 신비'를 '환희의 신비' 다음, '고통의 신비'와 '영광의 신비' 이전에 바칠 것을 권했습니다.

한눈에 알 수 있는 묵주기도 핵심 정리

- 동정 마리아의 '묵주기도'는 성령의 인도 아래 많은 성인들의 사랑을 받고, 교도권이 권장해 온 기도입니다.

- 묵주기도의 신비들은 환희와 빛과 고통과 영광 자체이신 그리스도의 깊은 마음에 이르는 참된 길이 됩니다.

- 묵주기도 신비에 대한 묵상은 ① 신비 선포 ② 성화상 묵상 ③ 성경 봉독 ④ 말씀 묵상 ⑤ 침묵, 이렇게 다섯

가지입니다. 이러한 묵상 방법을 순서대로 하나, 상황에 따라 선택하거나 생략할 수도 있습니다.

- 요한 바오로 2세 성인 교황이 2002년에 반포한 교서 〈동정 마리아의 묵주기도〉를 통해 '세상의 빛'이신 그리스도의 공생활을 선포하고 묵상하는 '빛의 신비'가 시작되었습니다.

묵주기도 요일과
순서, 방법, 동작

요일 배분

묵주기도는 신비 전체를 날마다 다 바칠 수 있으며, 그렇게 기도하는 이들도 있습니다. 시간 전례의 시간 기도처럼 묵주기도는 수많은 관상가들의 나날을 기도로 채웁니다. 하지만 많은 신자들은 한 주간의 어떤 순서에 따라 하루에 묵주기도 신비의 일부밖에 바칠 수 없습니다. '복음의 요약'인 신비 묵상은 그리스도 일생 전체를 묵상하도록 구성되어 있기 때문에, 한 주간에 나누어 바칠 경우에는 요일 배분이 필요합니다. 그래서 교회는 전통적으로 전례 주년의 다양한 시기를 여러 색으로 채색하는 것처럼, 신비 묵상에 요일마다 영적인 '색깔'을 부여하는 방식으로 배분합니다. 사제가 전례 시기에 맞춰, 혹은 축일과 관련지어 미사 중 제의의 색깔을 바꿔 입는 것처럼 말입니다. 묵주기도의 신비 또한 요일의 전례적 의미와 연결 지어 묵상하도록 권고합니다.

묵주기도에 '빛의 신비'가 추가되면서, 신비 선포 요일에도 변화가 생깁니다. 요한 바오로 2세 성인 교황은 교서를 통해 '환희의 신비'는 월요일과 토요일에, '고통의 신비'는 화요일과 금요일에, '영광의 신비'는 수요일과 주일에, '빛의 신비'는 목요일에 바치도록 권고했습니다(〈동정 마리아의 묵주기도〉, 38항).

요일 배분의 의미

묵주기도의 신비 묵상의 요일을 그리스도 일생의 시간적 흐름에 따라 '환희의 신비'부터 '빛의 신비', '고통의 신비', '영광의 신비'로 순차적으로 배열하지 않은 것은 요일에 영적인 '색깔'을 부여했기 때문입니다.

월요일부터 수요일까지 '빛의 신비'가 추가되기 이전의 신비들이 유지되고 있는 것은 '빛의 신비'가 추가되었다고 전혀 새로운 기도가 된 것이 아니라, 여전히 교회의 전통이 이어지고 있음을 말합니다. 그래서 월요일에는 '환희의 신비'를, 화요일에는 '고통의 신비'를, 수요일에는 '영광의 신비'를 바칩니다. 하지만 목요일부터 이어지는 신비 묵상에 변화가 생겨 목요일에 '빛의 신비'를, 금요일에 '고통의 신비'를, 토요일에 '환희의 신비'를, 주일에 '영광의 신비'로 바치도록 권하고 있는데, 이는 전례 시기 중 가장 중요한 '파스카 성삼일'의 신비를 비추고 있기 때문입니다.

성삼일은 '성목요일' 성찬례의 제정('빛의 신비')과 '성금요일' 주님의 죽으심(고통의 신비), 그리고 '부활 대축일'('영광의 신비)로 이어지고 있습니다.

'성목요일'은 예수님께서 수난하시기 전날 제자들과 마지막 만찬을 함께하시면서 제자들의 발을 씻어 주시고 사랑의 새 계약과 희생 제사의 표지인 '성체성사'를 제정하셨기에 성체성사와 관련된 '빛의 신비'를 묵상합니다.

'성금요일'은 주님께서 수난받으시고 십자가에서 돌아가시고 묻히신 것을 기억합니다. 주님께서 우리 죄를 대신하여 속죄의 어린양이 되신 것입니다. 그래서 '고통의 신비'를 묵상하도록 합니다.

성삼일의 전례는 '부활 대축일'을 향합니다. 주님께서 죄와 죽음의 세력을 이기고 부활하신 날이기 때문입니다. 그래서 우리는 일요일이 아닌 '주일' 곧 주님께서 부활하신 '주님의 날'을 매 주일마다 경축합니다. '주일'은 주님의 부활에 대한 영광을 묵상하는 '영광의 신비'를 선포합니다.

마지막으로 주님께서 저승에 가시어 지상에 계시지

않았던 '성토요일'은 하느님의 어머니이신 성모님께서 세상에 남아 우리 자녀들을 돌보아 주신 날입니다. 그래서 교회의 오랜 전통으로 토요일에 성모님께 봉헌하는 축일을 지냈으며 그중 첫 번째 토요일은 '주님의 날'을 위한 안내 역할을 했습니다. 성모님께서는 구세주의 탄생을 예비하신 것처럼 주님의 부활을 준비하도록 하십니다. 이러한 점을 고려하여, 토요일에는 '환희의 신비'에 대한 묵상을 바치도록 합니다.

2002년 10월 16일 이전의 신비 선포 요일

요일	월	화	수	목	금	토	주일
신비	환희	고통	영광	환희	고통	영광	영광

'빛의 신비'의 보완으로 이루어진 신비 선포 요일

요일	월	화	수	목	금	토	주일
신비	환희	고통	영광	빛	고통	환희	영광
	전통적 신비 묵상 요일			성목요일	성금요일	첫 토요일	주님의 날
	'빛의 신비' 이전의 요일			최후의 만찬	주님의 죽으심	성모님의 성격	주님의 부활
					파스카 성삼일		

요일 신비 선포에 대한 제안

묵주기도 신비의 요일 배분은 꼭 지켜야 할 절대적인 원칙은 아닙니다. 그러나 교회는 기도하는 이의 묵상을 위해 하루를 성화시키는 기도로 요일을 배분하여 바치도록 권고합니다. 요일을 신비와 결부시킨 그 의미를 묵상해 보면 요일의 주요한 특성을 헤아릴 수 있습니다.

교회의 권고에 따라 다음과 같은 방식으로 묵상을 해 볼 수 있습니다. 매일 5단 정도의 묵주기도를 바친다면 해당 요일의 신비를 묵상하면서 묵주기도를 바치면 되겠지만, 5단 이상을 바칠 경우 묵주기도를 '그날의 신비'부터 시작하는 것입니다. 요일 배분은 단순히 요일을 구분하여 바치도록 하는 것만이 아니라, 그날 하루를 그날의 신비 안에 머물도록 초대합니다.

월요일과 토요일은 '환희의 신비' 안에 머물고, 화요일과 금요일은 '고통의 신비'를 묵상하며, 수요일과 주일은 '영광의 신비'를 기도합니다. 그리고 목요일은 '빛의 신비'를 통해 그리스도의 공생활을 바라봅니다. 그

럴 때 묵주기도는 전례적 의미와 부합되고, 매일의 날들이 그리스도의 일생에 대한 묵상으로 충실하게 채워집니다. 5단을 바치든지, 20단을 바치든지, 그 이상을 바친다 할지라도 바로 **묵주기도 신비 묵상을 그날의 신비부터 시작하십시오.** 그러면 우리의 요일이 단순한 '월, 화, 수, 목, 금, 토, 일'이 아닌 '환희의 신비'를 사는 월요일과 토요일, '고통의 신비'를 사는 화요일과 금요일, '영광의 신비'를 사는 수요일과 주일, '빛의 신비'를 사는 목요일이 될 것입니다.

하루의 흐름에 따라 중요한 순간마다 기도를 하도록 하는 시간 전례는 일상생활을 하느님께 봉헌하며, 우리의 삶과 시간을 하느님의 것으로 만들어 줍니다.

묵주기도 또한 시간 전례와 유사한 기도의 형태로 생각해 본다면, 묵주기도는 모든 이가 쉽게 할 수 있는 시간 전례 기도라고 할 수 있습니다.

전례 시기에 따른 묵주기도 신비 묵상

주님께서 부활하신 날인 주일을 중심으로 그리스도인들이 보내게 되는 한 주간은, 묵주기도를 통하여 그리스도 생애의 신비들을 거쳐 가는 하나의 과정이 됩니다(〈동정 마리아의 묵주기도〉, 38항). 그래서 묵주기도의 신비를 요일의 전례적 의미와 연결 지어 묵상하도록 권고합니다. 묵주기도는 전례와 상충되지 않을 뿐더러 오히려 뒷받침하고 있기 때문입니다. 묵주기도는 우리를 전례로 훌륭하게 이끌어 주는 동시에 전례를 충실하게 반영합니다. 따라서 내적으로 충만하여 전례에 참여하도록 하고, 일상생활에서 그 열매를 거두게 합니다(〈동정 마리아의 묵주기도〉, 4항). 개인적으로 또는 레지오의 주週회합, 월月회합에서 묵주기도를 함께 바칠 때, 교회의 전례 시기에 맞추어 묵주기도 신비 묵상을 한다면 기도의 의미를 충실히 반영하며, 적극적으로 전례 생활을 해 나갈 수 있게 될 것입니다.

전례 시기	대림		성탄	연중	사순	부활
신비	영광	환희	환희	빛	고통	영광

대림 시기

대림 제1주일부터 12월 16일까지의 전례에서는 **아직** 오시지 않으신 주님의 재림을 기다리며 묵상하는 **'영광의 신비'**를 바칠 수 있습니다. 그리고 12월 17일부터 대림의 두 번째 의미인 **이미** 오신 주님에 대한 성탄에 초점을 두고 **'환희의 신비'**를 바칠 수 있습니다.

성탄 시기

'주님 성탄 대축일'을 시작으로 성탄 시기 동안 하느님의 아드님이신 예수 그리스도께서 인류를 구원하시려고 사람이 되시어 이 세상에 오신 강생을 묵상하며 **'환희의 신비'**를 바칠 수 있습니다.

연중 시기

연중 시기는 예수 그리스도의 말씀을 따라 생활하며 주님과의 만남을 준비하는 시기입니다. 예수님이 3년간 보내셨던 공생활 기간을 연속적인 독서 말씀을 통해 전례적으로 기념합니다. 그래서 그에 대한 전례의 독서와 의미를 생각해 볼 때, 공생활의 묵상인 '**빛의 신비**'를 바칠 수 있습니다.

사순 시기

재의 수요일부터 시작되는 사순 시기에는 예수 그리스도의 수난과 죽음을 묵상하고 회개하며 '주님 부활 대축일'을 준비합니다. 이때에 우리 죄를 대신하여 십자가 죽음에 이르신 주님의 수난과 죽음을 묵상하는 '**고통의 신비**'를 바칠 수 있습니다.

부활 시기

'주님 부활 대축일'부터 '성령 강림 대축일'까지 50일 동안의 부활 시기에는 주님께서 우리 구원을 위하여 부활하신 영광을 함께 누릴 수 있도록 **'영광의 신비'**를 통하여 영원한 생명과 구원에 대한 신비를 바칠 수 있습니다.

묵주기도의 순서와 방법

묵주기도는 목표에 이르는 하나의 수단일 뿐이며 그 자체가 목표가 될 수 없습니다. 그렇다고 수세기 동안 축적된 경험의 소산인 이 방법을 과소평가해서도 안 됩니다〈동정 마리아의 묵주기도〉, 28항). 이에 요한 바오로 2세 성인 교황은 교서에서 묵주기도의 순서에 대한 유효한 방법을 제안합니다. 오른쪽의 묵주기도의 순서와 방법은 교황의 교서를 기본으로 정리한 것입니다〈동정 마리아의 묵주기도〉, 27항-38항 참조).

1. 시작 기도

① '성호경'

묵주의 십자가를 잡은 채로 **'성호경'**을 바칩니다. 이어 **십자가에 친구**親口(십자고상의 예수님 발에 친구)를 할 수 있습니다.

② 신경

신앙 고백을 관상 여정의 토대로 삼을 수 있도록 십자가를 쥐고 **'사도신경'**을 바칩니다. '사도신경' 대신에 '니케아-콘스탄티노폴리스 신경'을 바치거나, 시편 70편의 첫 구절 "하느님, 어서 저를 구하소서. 주님, 어서 저를 도우소서."를 지역의 관습에 따라 할 수 있습니다.

③ '주님의 기도' 한 번

첫 번째 신비 선포 이전에 묵주의 첫 번째 구슬을 잡고 **'주님의 기도'**를 바칩니다.

④ '성모송' 세 번

이어서, 3개의 구슬을 차례로 넘기며 **'성모송'**을 세 번 바칩니다.

⑤ '영광송' 한 번

다음의 묵주 구슬에서 머리를 숙이며 **'영광송'**을 바칩니다.

⑥ '구원을 비는 기도' 한 번

'영광송'을 바치고 난 후, '영광송'을 바친 구슬을 쥔 상태로 짧은 마침 기도인 **'구원을 비는 기도'**를 바칠 수 있습니다. 묵주기도의 전체 시작 기도를 마치고 다음 구슬을 잡고 첫 번째 신비로 넘어갑니다.

2. 본기도

① 신비 선포

묵상 주제인 '환희의 신비', '빛의 신비', '고통의 신비', '영광의 신비' 중 하나를 요일이나 전례 시기에 맞추어 선택한 후, **'신비 1단을 선포'**합니다.

② 성화상 묵상

성화聖畫나 성상聖像을 곰곰이 바라보며 묵상하거나 신비 주제와 관련된 영상映像을 이용할 수도 있습니다.

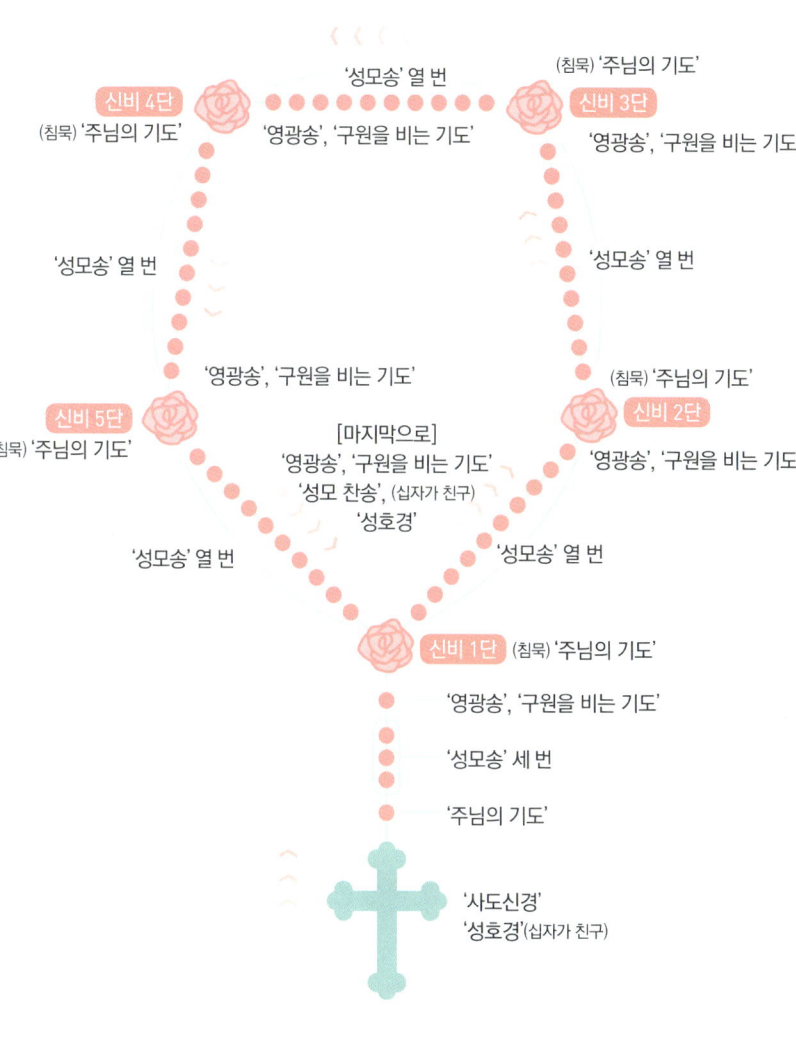

③ 성경 봉독

성경적 토대를 제공하고 묵상에 깊이를 더하려면 각 신비를 선포한 다음, 상황에 따라 길거나 짧게, 그 자리에 어울리는 '성경 봉독'을 하는 것도 유익합니다.

④ 말씀 묵상

공동으로 장엄하게 묵주기도를 바칠 때는 봉독된 성경 말씀을 간략히 해설할 수도 있습니다. 적절한 설명이나 해설로 신비 묵상을 더욱 명료하게 합니다. 개인적으로 바칠 때도 성경 봉독과 관련된 내용을 묵상합니다.

⑤ 침묵 기도

말씀의 경청과 묵상은 **'침묵'**으로 더욱 풍요로워집니다. 침묵 가운데 신비에 얼마 동안 관심을 집중한 다음에 소리 기도로 넘어가는 것이 좋습니다. ①-⑤까지 다섯 가지 묵상 방법을 순서대로 합니다. '② 성화상 묵상, ③ 성경 봉독, ④ 말씀 묵상'은 상황에 따라 선택하거나 생략할 수도 있습니다.

⑥ '주님의 기도' 한 번

매 단의 시작에 있는 첫 번째 구슬에서 **'주님의 기도'**를 한 번 바칩니다.

⑦ '성모송' 열 번

묵주 구슬 열 개를 넘기면서 **'성모송'** 열 번을 반복합니다.

⑧ '영광송' 한 번

매 단의 마지막 구슬을 잡고 머리를 숙이며 **'영광송'**을 바칩니다. 공동체가 바칠 때는 노래로 함께 불러도 좋습니다.

⑨ '구원을 비는 기도' 한 번

짧은 마침 기도인 **'구원을 비는 기도'**를 바치면서 1단을 마칩니다.

⑩ 연속되는 신비들

이어 신비 주제에 따라 다음 단으로 연결되며, ①에서 ⑨까지의 기도 순서를 반복합니다. 주제별로 연속되는 신비와 원하는 만큼의 신비에 대한 묵상과 기도를 이어 갑니다.

3. 마침 기도

① '성모 찬송'

마지막 단의 '영광송'과 '구원을 비는 기도'를 바친 뒤 **'성모 찬송'**으로 묵주기도의 기도문을 마칩니다. '성모 찬송'은 '성모 호칭 기도'나 '교황의 기도 지향'으로 대신할 수 있습니다.

② '성호경'

마지막으로 묵주기도의 시작에 했던 것처럼 **십자가에 친구**(십자고상의 예수님 발에 친구)할 수 있으며, **'성호경'**으로 기도를 마칩니다.

묵주기도의 순서와 방법은 특정 기도문의 형식이나 지역 공동체의 관습에 따라 다르기도 합니다. 요한 바오로 2세 성인 교황은 교서에서 묵주기도가 지닌 영적인 가치와 실제적이고 유효한 기도 방법을 언급하는데, 이를 통해 성모님과 함께 주님을 더욱 깊이 있게 만날 수 있습니다.

묵주기도의 동작

묵주기도는 정해진 기도문을 구송하는 '소리 기도'와 매 단의 신비 선포의 의미를 헤아리는 '묵상 기도'로 이루어져 있습니다. 또한 손에 느껴지는 감각을 통해 묵주 알을 한 알 한 알 옮기며 자신의 몸을 이용해 기도합니다. 이 동작들은 숨 쉬듯 자연스럽게 진행되지만, 습관처럼 하던 그 움직임을 자세히 짚어 본다면 기도의 의미를 더 깊이 있게 찾을 수 있습니다. 묵주기도는 기도를 정성껏 바치도록 '몸의 기도'를 포함하고 있기 때문입니다.

① 십자 성호

십자 성호를 긋는 손동작은 묵주기도의 시작입니다. 모든 전례와 기도에 있어서 그리스도인들은 '성호경'을 바치며 십자 성호로 시작하고 마칩니다. 출발과 마침이 그리스도의 십자가를 향하고 있으며, 십자가로부터 비롯되는 것입니다. 십자 성호가 기도나 전례를 시작하는 표지로 사용되고 있는 것은 모든 일을 주님의 이름으로 시작하고 그분의 영광을 위해서 하라는 성경의 가르침(1코린 10,31; 콜로 3,17 참조)에 부합되기 때문입니다. 구원의 상징인 십자가를 손에 들고 내 몸에 경건하게 표시함으로서 그리스도를 입습니다(로마 13,14 참조). 십자 성호는 시작이요 마침이신 그리스도를 향한 기도의 시작이며 마침입니다. 정성껏 긋는 십자 성호는 기도하는 이유를 잘 설명해 줍니다.

② 십자가에 친구

십자 성호를 그은 후, 묵주에 있는 십자고상의 예수님 발 부분에 입을 맞추는 친구親口의 관습은 그리스도를 향한 사랑과 존경의 표현입니다. 이러한 동작의 묵상은 루카 복음서 7장에 나와 있는 '죄 많은 여자를 용서'하시는 장면에 가장 잘 묘사되어 있습니다.

> **그 고을에 죄인인 여자가 하나 있었는데, 예수님께서 바리사이의 집에서 음식을 잡수시고 계시다는 것을 알고 왔다.**

그 여자는 향유가 든 옥합을 들고서 예수님 뒤쪽 발치에 서서 울며, 눈물로 그분의 발을 적시기 시작하더니 자기의 머리카락으로 닦고 나서, 그 발에 입을 맞추고 향유를 부어 발랐다. (루카 7,37-38)

루카 복음서 8장은 "일곱 마귀가 떨어져 나간 막달레나라고 하는 마리아"를 언급합니다(8,2). 바로 이 여인을 루카 복음서 7장에 나오는 "죄인인 여자"로 인식한 것입니다. 이 장면은 성경 속에서 유일하게 예수님의 발에 입을 맞추는 장면입니다. 마리아 막달레나는 초기 그리스도인들에게 '사도들의 사도'라고 불릴 정도로 예수님 공생활에 중요한 목격 증인으로 공경받아 왔습니다. 따라서 묵주기도를 시작하면서 마리아 막달레나처럼 십자가의 예수님 발에 입을 맞추는 것은 자신에 대한 참회의 모습이며, 그분에 대한 사랑과 존경과 감사를 매우 겸손하게 드러내는 몸짓입니다.

③ 묵주 알을 굴림

전통적으로 묵주기도에 쓰이는 도구는 묵주입니다. 극히 피상적인 차원에서만 보면, 묵주는 흔히 반복되는 기도문의 순서를 세기 위한 단순한 도구일 수도 있습니다. 하지만 묵주는 관상의 실체를 더욱 충만하게 하는 상징성을 보여 줍니다. 여기서 주목해야 할 것은, 묵주 알이 십자가에 모아진다는 것입니다. 그리스도의 십자가에서 기도의 순환이 시작되고 끝을 맺습니다.

신앙인들의 삶과 기도는 그리스도를 중심으로 이루어집니다. 모든 것은 그리스도를 통하여 성령 안에서 성부께 이르게 되기 때문입니다. 그래서 기도의 진행을 표시하며 세는 도구인 묵주는 그리스도인의 관상과 완덕의 끝없는 길을 가리킵니다. 바르톨로 롱고 복자는 묵주를 하느님과 우리를 묶어 주는 '사슬'로 여겼습니다. 이는 참으로 아름다운 사슬입니다. 이 사슬은 언제나 하느님과 우리를 묶어 주는 결합입니다.

십자가에서 시작하여 십자가를 향해 묵주 알을 굴리는 동작은 모든 것이 그리스도에게서 시작되며, 그리스도를 지향하고 있음을 고백하도록 합니다.

④ 성경 봉독

성경 봉독은 묵주를 들고 취하는 동작은 아닙니다. 이를 특별히 언급하는 이유는 성경을 찾아 읽어야 하는 정성과 마음가짐이 필요하기 때문입니다. 요한 바오로 2세 성인 교황은 교서 〈동정 마리아의 묵주기도〉를 통해 신비 선포와 함께 이와 관련된 성경 봉독을 하도록 권고합니다(30항 참조).

하느님 말씀을 봉독하는 것은 묵주기도를 바칠 때 하는 방법 중 일부입니다. 이는 이미 잘 아는 신비 주제를 단순히 묵상하는 데에서 오는 지루함을 막아 줍니다. 그래서 기도에 집중하며 하느님의 말씀 안으로 깊이 들어갈 수 있도록 합니다. 성경 봉독은 알고 있는 것을 떠올리는 것이 아니라 하느님께서 기도 안에서 내게 말씀하시도록 합니다. 공동으로 장엄하게 묵주기도를 바칠 때에는 이 말씀을 간략한 해설과 함께 적절히 설명할 수 있습니다.

⑤ **침묵**

매 단의 신비 선포 바로 직후 혹은 신비 선포와 성경 봉독 후, 잠시 침묵하고 '주님의 기도'로 넘어갑니다. 이는 미사 중에 영성체를 하고 침묵 중에 마음속으로 감사의 기도를 바치도록 하는 '감사 침묵 기도'가 하나의 예식으로 자리하고 있는 것과 같습니다. 침묵은 묵주기도의 중요한 부분을 차지합니다. 침묵의 중요성을 발견하는 것은 관상과 묵상을 실천하는 비결 가운데 하나입니다.

현대인들은 일상에서 고요함을 찾기 어렵습니다. 그러므로 묵주기도 안에서 침묵 중에 하느님의 말씀을 찾는 시간이 꼭 필요합니다.

전례에서 침묵의 순간이 권고되는 것과 마찬가지로, 묵주기도를 바칠 때에도 하느님 말씀에 귀 기울인 다음, 잠시 머물러 특정 신비의 가르침에 마음을 모으는 것이 좋습니다.

정성껏 표현되는 묵주기도의 동작은 기도의 일부라 할 수 있습니다. 소리 기도, 묵상 기도와 함께 '몸의 기도'는 우리가 기도하는 이유를 찾도록 합니다. 십자가로 시작하여 십자가를 향해 가는 기도의 순환은 주님을 향한 기도의 열망을 드러냅니다. 겸손되이 드리는 묵주기도는 기도하는 이를 '기도의 사람'으로 변화하게 합니다.

한눈에 알 수 있는 묵주기도 핵심 정리

- 묵주기도의 신비 선포에 대한 요일은, 요일마다 '영적인 색깔'을 부여하는 방식으로 배분됩니다.

- 교회의 전례 시기에 따라 묵주기도의 신비 묵상을 행한다면, 전례가 충실하게 반영되어 그 의미가 더욱 풍성해질 것입니다.

- 묵주기도의 순서와 방법은 묵주기도가 가지고 있는 영적인 가치를 잘 드러내 줍니다.

- 묵주 알들이 십자가에 모아지는 것은 그리스도의 십자가에서 기도의 순환이 시작되고 끝을 맺기 때문입니다.

- 묵주기도는 '십자 성호, 십자가에 친구, 묵주 알을 굴림, 성경 봉독, 침묵'이라는 동작을 하며 바치는 기도이기에 '몸의 기도'입니다.

3

묵주기도
기도문

묵주기도 기도문의 구성

묵주기도 기도문의 전반적인 구성

 묵주기도의 순서와 방법을 참고로 하여, 시작 기도, 본기도, 마침 기도로 구분한 것은 기도를 좀 더 쉽게 이해하고자 한 것입니다. 그 내용을 정리하면 다음의 표와 같습니다.

묵주기도의 주요 기도문 구성

	'성호경' (십자가 친구)
시작 기도	1. '사도신경' 2. '니케아-콘스탄티노폴리스 신경' 3. 시편 70,1 ("하느님, 어서 저를 구하소서. 주님, 어서 저를 도우소서.") (1-3번의 기도 중 하나를 선택하여 기도한다.)
	1. '주님의 기도' 2. '성모송' 세 번 3. '영광송' 4. '구원을 비는 기도'
본기도	1. '주님의 기도' 2. '성모송' 열 번 3. '영광송' 4. '구원을 비는 기도 (매 단의 짧은 마침 기도)'
마침 기도	1. '성모 찬송' 2. '성모 호칭 기도' 3. '교황의 기도 지향' (1-3번의 기도 중 하나를 선택하여 기도한다.)
	(십자가 친구) '성호경'

한국 교회는 시작 기도에서 십자가를 잡고 바치는 신경으로 '사도신경'을 바칩니다. 하지만 '사도신경' 대신 '니케아-콘스탄티노폴리스 신경'과 시편 70편의 첫 구절인 "하느님, 어서 저를 구하소서. 주님, 어서 저를 도우소서."로 묵주기도를 시작할 수도 있습니다. 이런 구성은 마침 기도에서도 유사한 형태를 보입니다. 보통 '성모 찬송'으로 묵주기도를 마무리하는 마침 기도를 바치는데, '성모 찬송'만이 아니라 '성모 호칭 기도'나 '교황의 기도 지향'으로도 기도를 마무리할 수 있습니다. 시작 기도와 마침 기도에 추가된 기도문은 각 지역 교회에서 다양한 방법으로 바치고 있는 묵주기도를 이해하고 수용한 것입니다(《동정 마리아의 묵주기도》, 37항). 이러한 기도 형식은 교회의 주요한 기도의 전통을 따르고 있을 뿐만 아니라, 전례의 고유한 형태를 유지하며 기도를 풍요롭게 합니다.

묵주기도
기도문

묵주기도의 소리 기도는 일곱 가지 기도문으로 이루어져 있습니다. ① '성호경', ② '신경', ③ '주님의 기도', ④ '성모송', ⑤ '영광송', ⑥ '구원을 비는 기도(짧은 마침 기도)', ⑦ '성모 찬송'입니다. 이처럼 묵주기도는 일상적으로 바치는 기도문으로 구성되어 누구든 쉽게 따라 할 수 있고, 많은 이들이 사랑하는 기도입니다.

'7'이라는 수는 성경과 성전에서 중요한 상징 중 하나입니다. 구약 성경에서 하느님께서 세상을 창조하시고 강복하신 것이 이렛날(창세 2,3)이었던 이유로 이스라엘은 일주일을 7일로 정하였습니다. 7년째 되는 해는 땅에 안식을 주지 않으면 안 된다(창세 25,4)고 정하여, 7년마다 안식년을 지냈습니다. 하느님께서 모세에게 일러 주신 등잔대도 7개의 등잔을 얹는 7개의 가지가 있었습니다(민수 8,2). 신약 성경에서 예수님께서는 7개의 빵을 쪼개어 군중을 배불리 먹이셨고 그 부스러기가 일곱 바구니나 남았으며(마르 8,5-10), 일곱 번씩 일흔 번까지라도 용서하라고 말씀하십니다(마태 18,21-22). 교회는 일곱 가지 죄의 뿌리인 칠죄종(교만, 인색, 음욕, 탐욕, 질투, 분노, 나태)과 성령 칠은(지혜, 이해, 의견, 지식, 용기, 효경, 외경)을 가르치며, 교회의 7성사(세례, 견진, 성체, 고해, 병자, 혼인, 성품)를 말해 줍니다. 셋은 '하느님의 세계'를, 넷은 '하느님이 창조하신 자연'을, 7은 하느님의 세계인 셋과 자연의 세계인 넷을 합친 '완성'을 의미합니다.

묵주기도는 기도 중의 기도로 첫째가는 신심을 드러내며 일곱 가지 기도문으로 가장 완전한 기도 구성을 표현합니다. 이 기도문들은 묵주기도의 의미와 기도의 목적을 말해 줍니다. 일곱 가지 기도문은 우리가 일상적으로 바치는 기도이기에 모두가 사랑하며 누구나 쉽게 바칠 수 있습니다. 단순하지만 심오한 이 기도는 커다란 효과를 지닌 기도로써 성덕의 열매를 거두게 하며, 믿는 이들로 하여금 풍성한 은총을 얻게 합니다(《동정 마리아의 묵주기도》, 1항).

성호경

묵주기도를 시작하는 기도문은 묵주를 들고 '큰 십자 성호'를 그으며 성삼위의 호칭을 부르는 기도문인 '성호경'입니다. '성호경'은 기도나 전례를 시작하고 마치는 표지로 사용합니다. 이는 성부, 성자, 성령 삼위가 한 분 하느님이심을 가리키는 고백입니다. 성삼위의 호칭과 함께 십자표를 긋는 십자 성호는 십자가에서 돌아가신 예수 그리스도를 통해 삼위일체 신앙이 온전히 드러났으며, 십자가에서 돌아가시고 부활하신 그리스도께서 우리의 주님이심을 믿기 때문입니다. "아멘" 하고

'성호경'을 마치는 것은 전례나 기도에서 "그렇게 되기를 바랍니다." 또는 "그렇습니다."라는 의미입니다. 십자가를 그으면서 바치는 '성호경'은 우리를 주님의 현존 속으로 데려가 그분의 힘을 얻게 함으로써 기도를 더 높은 차원으로 끌어올립니다. 그러므로 십자 성호는 기도의 시작과 끝에 긋는 단순히 형식적인 기도가 아닙니다. 이는 우리를 하느님께로 가까이 이끌어 주고 그분과 함께 걷고 기도한다는 것을 깨닫게 해 주는 신성한 행위입니다.

묵주기도는 하느님께 드리는 기도입니다. 십자 성호를 긋고 '성호경'을 바치며, 우리가 바치는 묵주기도가 삼위일체 하느님을 향하는 여정임을 고백하게 됩니다. 그래서 '성호경'이 첫 번째 기도로 자리하였습니다. 우리의 기도를 들어주시길 하느님께 부르짖는 기도의 출발이기 때문입니다.

묵주기도를 성모님께 바친다는 말은 성모님께서 우리와 함께 기도해 주신다는 의미입니다. 그럼으로써 우리는 묵주기도를 시작하며 거룩한 십자 성호로 우리 자신을 축복하고, '성호경'을 바치며 십자가의 갑옷을 입고 세상의 온갖 유혹으로부터 나를 지키는 힘을 얻습니다.

사도신경

✱ 십자고상 부분의 '사도신경'

일반적으로 묵주기도를 시작할 때 십자고상을 잡은 채로 '사도신경'을 바칩니다. 하지만 다른 신경인 '니케아-콘스탄티노폴리스 신경'이나, 시편 70편의 첫 구절을 '사도신경'처럼 묵주기도의 시작 기도로 바칠 수 있습니다. 교서 〈동정 마리아의 묵주기도〉에서는 묵주기도를 시작하는 관례에 대해 이렇게 언급합니다.

> 현재, 각 지역 교회에서는 다양한 방법으로 묵주기도를 시작합니다. 어떤 지역에서는 기도하는 사람에게 자신의 부족함을 겸손하게 인정하도록 일깨우는 의미에서, 시편 70편의 첫 구절, "하느님, 어서 저를 구하소서. 주님, 어서 저를 도우소서."로 묵주기도를 시작하는 것이 관례처럼 되어 있습

니다. 또 다른 지역에서는, 신앙 고백을 관상 여정을 시작하는 토대로 삼을 수 있도록 신경을 바치면서 묵주기도를 시작합니다. 이러한 관습들이 관상을 위한 마음의 준비를 하는 데 도움을 준다면 모두 똑같이 정당한 것입니다. (37항)

묵주기도의 시작 기도는 기도 전체의 의미를 헤아리고 준비합니다. 때문에 앞에서 언급한 것과 같이, 다른 신경인 '니케아-콘스탄티노폴리스 신경' 혹은 시편의 70편의 첫 구절을 바치는 것으로도 기도를 시작할 수 있는 것입니다. 묵주기도를 상황과 지역에 따라 다양한 방식으로 바침으로써 더욱 풍요로워집니다.

✣ 묵주기도의 '사도신경'

한국 교회는 묵주기도의 시작 기도로 '사도신경'을 바치고 있습니다. '사도신경'은 '주님의 기도'와 함께 초대 교회 때부터 있었던 기도문이며, 그리스도교의 바탕이 되는 핵심 교리를 담은 초대 교회의 신앙 고백으로, 가톨릭 주요 기도문 중 하나입니다. '사도신경'은 성경에 실린 신앙 내용을 요약하고 있기 때문에 예비 신자들을 위한 일종의 길잡이이자 교육 지침이 되기도 합니다. '사도신경'은 열두 사도들이 신앙에 대한 각자의 관심을 짧은 형식으로 표현하였다는 데서 비롯되어 '사도적인 신앙 고백'이라고 일컬어집니다. 암브로시오 성인은 신경에 포함된 열두 항목과 열두 사도를 연결시켜 생각하였고, '사도신경'에 나타난 신조의 내용이 모두 성경적, 사도적 기원을 가지고 있음을 밝혔습니다.

즉 묵주기도의 시작에 바치는 '사도신경'은 지금 드리는 이 기도가 그리스도교 전통에 충실하고, 그 안에서 이루어진다는 고백인 것입니다. 몽포르의 루도비코 마리아 성인은 시작 기도로 '사도신경'을 바치는 것에 대해 다음과 같이 말하였습니다.

"천지의 창조주를 저는 믿나이다."라는 이 말은 믿음, 희망, 사랑이라는 세 가지 신학적 덕행을 내포하고 있기에, '사도신경'을 바치며 이러한 덕행을 거스르는 유혹들을 이겨 낼 수 있습니다.

묵주의 십자고상 부분에서 바치는 '사도신경'은 그리스도교 진리의 성스러운 종합이며 요약이고, 믿음에 대한 첫 고백과도 같은 신앙의 출발점입니다. 더 나아가 기도의 여정을 시작하는 토대로서 굳건한 믿음 위에서 어떤 유혹도 이겨 낼 수 있는 힘이 됩니다.

✣ '사도신경' - 묵주기도 전체의 시작 기도

묵주기도라는 영적 여정의 시작 기도인 '사도신경'은 묵주기도의 신비를 핵심적으로 요약할 뿐 아니라 이 기도를 바치는 이유를 명시합니다. '사도신경'의 성자에 대한 부분에서 "성령으로 인하여 동정 마리아께 잉태되어 나시고"는 주님의 탄생에 대한 신비인 '환희의 신비'를 요약하고 있습니다. 바로 이어지는 "본시오 빌라도 통치 아래서 고난을 받으시고 십자가에 못 박혀 돌아가시고 묻히셨으며"는 '고통의 신비'를 말합니다. 마지막으로 "저승에 가시어 사흗날에 죽은 이들 가운데서 부활하시고"는 주님의 부활에 대한 '영광의 신비'를 묵상하도록 합니다.

전통적인 묵주기도의 신비 묵상인 '환희의 신비', '고통의 신비', '영광의 신비'는 '사도신경'을 통하여 요약되고, '사도신경'은 기도의 영적 여정을 준비시킵니다. 묵주기도가 한 권의 책이라면 '사도신경'은 '기도 책의 서론'에 비유할 수 있습니다. '사도신경'을 통해 묵주기도 묵상의 내용들을 미리 볼 수 있기 때문입니다. 그래서 묵주기도 전체를 아우르며 기도를 준비하도록 하는 시작 기도가 '사도신경'인 것입니다. 또 신경의 마지막 부분인 "영원한 삶을 믿나이다."라는 고백은 묵주기도의 지향을 밝히고, 우리가 이 기도를 통해 궁극적으로 얻고자 하는 청원을 말합니다.

세례 예식에서 예비 신자들은 집전 사제의 질문에 이렇게 응답합니다.

† 여러분은 하느님의 교회에서 무엇을 청합니까?
◉ 신앙을 청합니다.
† 신앙이 여러분에게 무엇을 줍니까?
◉ 영원한 생명을 줍니다.

세례 때 결심하며 청하여 얻고자 했던 신앙은 '영원한 생명'에 대한 희망이며 이것이 묵주기도가 지향하는 기도입니다.

우리는 이 기도로서 그리스도의 삶과 죽음, 그리고 부활이 우리에게 주는 영원한 구원에 대한 청원을 기도하는 것입니다.

✣ 묵주기도의 지향

'영원한 생명'은 모든 신앙인들이 추구하는 길이며, 신앙 안에서 찾아야 할 물음의 답입니다.

이는 묵주기도 전체를 관통하는 핵심 주제입니다. 묵주기도는 잘 엮어진 '영원한 생명을 청하는 기도서'입니다.

'사도신경'의 주요 내용은 묵주기도라는 '영원한 생명의 책'의 마지막, 즉 결론의 역할을 하게 될 '성모 찬송'을 통해 다시 한번 확인됩니다.

'사도신경'의 마지막 구절처럼 영원한 삶에 대한 믿음은 마지막의 마지막, 곧 그리스도인의 궁극적인 청원이기도 합니다. 그 기도는 우리가 숨을 다하는 그 날까지 계속되어야 합니다.

한눈에 알 수 있는 **묵주기도 핵심 정리**

- 묵주기도는 일상적으로 바치는 기도문으로 구성되어 누구든 쉽게 따라할 수 있고, 많은 이들이 사랑하는 기도입니다. 묵주기도를 구성하는 소리 기도는 일곱 가지 기도문으로 구성되어 있습니다.

- 묵주기도에서 십자 성호를 그으면서 '성호경'을 바치는 것은 이 기도가 삼위일체 하느님께 향하고 있음을 고백하는 것입니다.

- 묵주기도의 '사도신경'은 기도의 영적 여정을 시작하는 토대가 됩니다.

- '사도신경'은 묵주기도의 신비 묵상에 대한 내용을 준비시키며 영원한 삶에 대한 기도의 지향을 담고 있습니다.

주님의 기도

✲ 매 단의 시작 기도

묵주기도의 시작인 '사도신경'을 마치면 묵주의 첫 번째 구슬을 잡고 '주님의 기도'를 한 번 바칩니다. 이는 앞으로 매 단의 시작에 반복되는 소리 기도의 전체 요약입니다. 매 단은 신비 선포와 성화상 묵상, 성경 봉독, 말씀 묵상, 침묵 기도의 묵상을 시작으로 '주님의 기도' 한 번, '성모송' 열 번, '영광송' 한 번, '구원을 비는 기도(짧은 마침 기도)' 한 번으로 소리 기도를 구성합니다.

소리 기도의 첫 번째 기도문은 '주님의 기도'인데, 매 단의 시작 기도라고 할 수 있습니다. '주님의 기도'는 예수님께서 직접 가르쳐 주신 기도이기 때문에, '주님의 기도'라는 이름으로 불립니다. 그래서 가장 완전하고 뛰어난 기도문이라고 할 수 있습니다. 테르툴리아노 교부는 '주님의 기도'를 일컬어 "신약 성경의 요약"이라 했고, 요한 크리소스토모 성인은 "우리는 주님께서 기도하신 바와 같이 기도하고 주님께서 우리에게 보여 주신 방법대로 기도하지 않는다면 주님의 제자가 될 수 없습니다."라고 강조했습니다.

'주님의 기도'는 마태오 복음서의 산상 설교 부분에(5-7장) 일곱 가지 청원으로 주님께서 직접 가르쳐 주신 기도입니다(마태 6,9-13). 또한 루카 복음서에서는 기도를 가르쳐 달라는 제자들의 요청에 "너희는 기도할 때 이렇게 하여라."(루카 11,2)라고 하시며 다섯 가지 청원으로 구성된 기도를 말씀해 주십니다(11,2-4). 오늘날 기도문으로 바치는 '주님의 기도'는 마태오 복음서의 기도입니다.

✣ 묵주기도 '주님의 기도'의 시작

3세기 아일랜드의 수도자들이 구약 성경의 시편을 성무일과로 매일 바치자, 점차 인근의 신자들도 시간 전례를 함께 바치기 시작했습니다. 그러나 글을 읽거나 쓸 수 없는 이들이 긴 시편을 바치는 데 어려움이 있자, 시편 150편을 '주님의 기도'로 대신 바치기 시작했습니다. 이렇게 기도함으로써 '주님의 기도' 한 번이 시편 한 편을 대신하게 됩니다. '주님의 기도' 150번 혹은 50번씩

3개로 묶어 한 묶음을 반복하는 것을 '주님의 기도 시편' 또는 '비천한 이들의 성무일과 기도'라고 불렀습니다. 언어 습득에 어려움이 있는 일부 수도자들에게도 시편을 암송하는 것을 면제해 주면서 '주님의 기도'를 바치도록 하였습니다. 이러한 기도 형식을 시토회의 수도자와 재속회원들이 회개를 위한 보속이나 시편 기도를 바칠 수 없는 이들에게 '주님의 기도'를 반복하는 기도 형태로 바치도록 합니다. '주님의 기도'의 반복은 묵주기도의 시작에 있어서 뿌리와 같습니다. 그래서 묵주기도 기원을 '주님의 기도'의 반복에서 찾는 이들도 있습니다.

✢ 묵주기도의 '주님의 기도'

몽포르의 루도비코 마리아 성인은 묵주기도 매 단의 시작에 '주님의 기도'를 바치는 것에 대해 다음과 같이 말합니다.

'주님의 기도'는 그것을 가르쳐 주신 분에게서 그 무엇보다도 큰 가치를 찾을 수 있습니다. '주님의 기도'는 우리가 하느

님께 이행해야 할 덕행과 영적으로, 육적으로 필요한 모든 간청을 포함하고 있기 때문입니다. 묵주기도는 '주님의 기도'와 '성모송'으로 이루어졌기 때문에, 끊임없이 흘러넘치는 맑은 물과 같은 은총의 원천이라고 할 수 있습니다.

매 단의 신비 선포와 성경 봉독을 통해 하느님의 말씀에 귀 기울이고, 침묵 가운데 그 신비에 집중한 다음, 마음을 하느님 아버지께 들어 높이기 위해서 '주님의 기도'를 바칩니다. 예수님께서는 우리를 모든 신비 안에서 성부께로 이끌어 주시기에 기도를 통하여 하느님을 "아빠, 아버지"(로마 8,15; 갈라 4,6)라 부를 수 있게 된 것입니다. 그분께서는 아버지 하느님의 내밀한 친교 안으로 우리를 인도하십니다.

묵주기도를 바치면서 하느님을 찾는 것은 외아드님께서 당신의 아버지를 부르며 기도하신 것과도 같습니다. 그리스도께서는 우리에게 직접 기도를 가르쳐 주셨고, 그럼으로써 기도를 들어주시는 아버지를 찾을 수 있도록 이끌어 주셨습니다. '주님의 기도'는 "하늘에 계신 우리 아버지"께 청함으로써 우리의 기도가 하느님께 바치는 기도임을 분명히 밝힙니다. 그래서 성자께서 성부와 맺으시는 관계를 우리 또한 성부와 맺도록 합니다.

✣ '주님의 기도'의 청원

'주님의 기도'가 시작되는 세 가지 청원은 아버지 하느님의 영광이 그 목적입니다. 하느님의 이름("하늘에 계신 우리 아버지, 아버지의 이름이 거룩히 빛나시며"), 하느님의 나라("아버지의 나라가 오시며"), 하느님의 뜻("아버지의 뜻이 하늘에서와 같이 땅에서도 이루어지소서!")을 청하는 것입니다. 뒤이은 네 가지 청원은 우리의 소망을 "아빠, 아버지"인 하느님께 기도하는 것입니다. 우리의 양식("오늘 저희에게 일용할 양식을 주시고")과 우리의 죄("저희에게 잘못한 이를 저희가 용서하오니 저희 죄를 용서하시고"), 우리가 사탄에게서 받는 유혹("저희를 유혹에 빠지지 않게 하시고, 악에서 구하소서")을 두고 비는 청원입니다. 기도의 후반부에는 일용할 양식이 필요한 우리의 '오늘'이 있고, 죄를 지어 용서받아야 할

'어제'가 있으며, 유혹에 빠지지 않고 악에서 구해 달라는 '내일'의 시간이 있습니다. '어제와 오늘과 내일'은 우리의 온 생을 아버지 하느님께 맡겨야 한다는 것을 말해 줍니다. 바오로 6세 성인 교황은 묵주기도에서 바치는 '주님의 기도'에 대해서 짧지만 분명히 말합니다.

매 단의 시작에 '주님의 기도'를 바치는 것은 그 무한한 가치로 인해 그리스도교 기도의 바탕이 되며 다른 모든 기도를 품위 있게 해 줍니다. (《마리아 공경》, 49항)

주님께서 직접 가르쳐 주신 기도를 매 단의 첫 자리에 놓음으로써 어떤 기도문으로도 대체할 수 없는 품위를 갖습니다. '주님의 기도'로 시작하여 '성모송'을 반복하는 이 기도 형식은 우리가 예수님과 성모님을 함께 묵상하도록 합니다. 묵주기도의 신비 묵상을 통해 그리스도의 일생을 성모님의 눈으로 바라볼 수 있는 것처럼, '주님의 기도'와 '성모송'은 서로 떼어 놓을 수 없는 기도입니다.

성모송

많은 이들이 진정으로 기도하고자 합니다. 하지만 무엇보다도 그 기도는 우리 자신이 하느님께 "아빠, 아버지"라고 편안하게 부를 수 있을 만큼 단순하고도 쉬워야 합니다. 이런 이유에서 도미니코 성인은 어린이들도 알아들을 수 있을 정도로 '성모송'을 쉽게 설명했습니다.

무엇보다 기도하는 이들은 기도에 대한 사랑을, 특히 '천사의 노래'인 '성모송'에 대한 사랑을 지녀야 합니다. 가브리엘 천사가 성모님께 드렸던 첫 번째 인사말이 '성모송'의 시작이기에 '성모송'은 '천사의 기도'라 불렸습니다. 묵주기도에서 가장 많이 반복하는 소리 기도로 '성모송'을 바치며 성모님을 향한 사랑을 드러내고, 그리스도의 협조자이신 성모님께 우리의 기도가 이루어지도록 전구해 달라고 청하는 것입니다.

✣ '성모송'의 암송

'성모송'은 '가브리엘 천사의 인사'(루카 1,28)와 '엘리사벳의 인사'(루카 1,42)가 합쳐져, 오늘날 바치는 기도문의 형태로 완성되었습니다. 구체적으로 11세기 이후 일반 신자들 사이에서 '성모송'의 기도 형태가 대중 신심으로 확산되며, 1198년 파리의 오돈 주교는 '성모송'을 '주님의 기도'나 '사도신경'처럼 암송하도록 최초로 권고했습니다. '성모송'은 실제적으로 '주님의 기도'에 덧붙여서 암송되었으며, 1266년 도미니코 수도회의 수사들과 1287년 뷔르츠부르크 교회 회의에서도 이 규정이 채택됩니다. 우르바노 4세 교황은 성모송 전반부에 있는 엘리사벳의 인사말에 '예수님'의 이름을 붙였고, 1440년 시에나의 베르나르디노 성인은 처음으로 후반부의 청원 기도를 덧붙였습니다. 현재의 청원 기도는 16세기 초 여러 수도회의 공식 기도로 사용되면서 지금과 같은 형태로 되었습니다. 그러다가 비오 5세 성인 교황에 의해 개정된 시간 전례에서는 '성모송'을 의무적으로 암송하도록 규정하였습니다.

✤ 묵주기도의 '성모송'

묵주기도에 있어서 '성모송'은 '전체 묵주기도의 본기도' 역할을 합니다. 묵주기도는 매 단을 '주님의 기도'로 시작합니다. 이 기도는 어떤 기도로 대체할 수 없는 품위를 드러냅니다.

묵주기도는 교서 〈동정 마리아의 묵주기도〉에서 '빛의 신비'가 추가되었고, 그리스도의 일생 전체를 묵상하는 신비로 보완되었습니다. '빛의 신비'가 자리하기 이전의 전통적인 신비 묵상은 '환희의 신비', '고통의 신비', '영광의 신비'였습니다. 각각의 신비는 5단씩 구성되어 1단에 열 번의 '성모송'을 바치기 때문에 전체 신비를 기도하면 150번의 반복이 이루어집니다. 이 150이라는 숫자는 구약 성경의 시편과의 유사성을 보여 줍니다. 시편 기도를 바치며 '주님의 기도'를 150번 반복하던 기도의 형태가 '주님의 기도' 자리에 '성모송'을 반복하면서, '성모 시편'이라는 이름으로 묵주기도가 형성됩니다.

✠ '성모송'의 반복

몽포르의 루도비코 마리아 성인은 묵주기도를 시작할 때 반복되는 세 번의 '성모송'을 이렇게 설명합니다.

우리가 성모님을 공경할 때 우리는 하느님의 조물 중에 가장 완전한 이를 공경하고 있는 것이기 때문에 하느님 아버지를 영광되게 하는 것이고, 성자께서는 우리가 성자의 지극히 순결하신 어머님을 찬미하는 것으로 찬미받으시며, 성령께서는 당신께서 당신의 짝을 채우신 은총에 우리가 깊이 감복하기 때문에 영광을 받으시는 것이다.

세 번 반복되는 '성모송'은 "성부와 성자와 성령"을 통해 당신의 삶을 봉헌하신 성모님의 일생을 묵상하도록 초대합니다. 또한 앞으로 매 단마다 반복되는 열 번의 '성모송'을 미리 요약하여 기도합니다.

요한 바오로 2세 성인 교황은 '성모송'의 반복에 대한 영적인 의미를 부활하신 그리스도께서 베드로 사도와 나눈 감동적인 대화에서 찾을 수 있다고 말했습니다.

"요한의 아들 시몬아, 너는 나를 사랑하느냐?"

그리스도께서는 베드로 사도에게 이렇게 세 번을 물으시고, 베드로 사도는 세 번이나 "예, 주님! 제가 주님을 사랑하는 줄을 주님께서 아십니다." 하고 대답합니다(요한 21,15-17 참조). 우리는 이 세 번의 반복에 담긴 아름다움을 느낄 수 있습니다. 그 반복 속에는 끈질긴 질문과 그에 대한 대답이 인간의 보편적 사랑의 경험에서 우러난 친숙한 말로 표현되어 있기 때문입니다.

묵주기도를 이해하려면 사랑의 고유한 심리적 역동성을 알아야 합니다. 반복할수록 더 깊이 있게 그 기도로 들어갈 수 있습니다. 반복되는 '성모송'은 직접적으로는 성모님께 바치는 것이지만, 사랑의 행위는 궁극적으로 성모님과 함께 성모님을 통하여 예수님을 지향합니다. '성모송'의 반복은 진정한 그리스도교 생활 양식인 그리스도와 더욱 완전히 동화되려는 의지를 키우게 합니다(〈동정 마리아의 묵주기도〉, 26항 참조).

그리스도의 삶과 그리스도인의 삶이 하나가 된다는 것은, 그리스도의 일생을 지켜보신 성모님께서 우리의 일생 또한 지켜보며 영원한 생명을 얻을 수 있도록 기도해 주신다는 의미입니다. 그래서 묵주기도의 본질적인 부분인 '성모송'은 묵주기도를 탁월한 마리아의 기도가 되게 합니다(〈동정 마리아의 묵주기도〉, 33항).

'성모송'을 바칠 때마다 우리는 예수님과 성모님께 찬양을 드립니다. 하느님께서 성모님에게 가브리엘 천사를 보내신 것처럼, 오늘 이 자리에서 천사의 말을 전하고 있는 내 자신을 발견하게 됩니다. 천사의 말은 바로 하느님께서 당신을 대신하여 성모님에게 인사하도록 하신 그 말씀입니다.

은총이 가득한 이여, 기뻐하여라. 주님께서 너와 함께 계시다.

(루카 1,28)

✣ '성모송'의 찬미

성모님께서는 하느님의 아드님이신 예수님을 잉태하신 지상의 첫 번째 자리였습니다. 이에 '성모송'은 인류 구원의 선물을 받아들이신 성모님께 감사의 마음을 담아 드리는 가장 높은 찬미가입니다. 매 단마다 열 번씩 반복하는 '성모송'은 성모님께 영적인 장미 꽃다발을 안겨 드리는 기도입니다.

전체 묵주기도의 본기도인 '성모송'은 전반부의 찬미와 후반부의 청원으로 구분할 수 있습니다. 첫 번째 찬미 부분은 가브리엘 천사와 엘리사벳의 인사가 합쳐진 복음의 기도문입니다.

은총이 가득하신 마리아님, 기뻐하소서! 주님께서 함께 계시니 Ave Maria, gratia plena, Dominus tecum.

천사가 마리아의 집으로 들어가 말하였다. "은총이 가득한 이여, 기뻐하여라. 주님께서 너와 함께 계시다." (루카 1,28)

여인 중에 복되시며 태중의 아들 예수님 또한 복되시나이다

Benedicta tu in mulieribus et benedictus fructus ventris tui, Iesus.

엘리사벳은 성령으로 가득 차 큰 소리로 외쳤다. "당신은 여인들 가운데에서 가장 복되시며 당신 태중의 아기도 복되십니다." (루카 1,41-42)

몽포르의 루도비코 마리아 성인은 '성모송'에 대해 성모님의 목소리로 설명합니다.

하와Eva의 이름인 '아베(Ave, 기뻐하소서!)'라는 말로써, 하느님께서 당신의 무한한 전능으로 모든 죄와 최초의 여인이 지배를 받았던 비참함에서 나를 지켜 주셨음을 알게 되었다. '빛의 여인'이라는 의미를 지닌 '마리아'란 이름은 하느님께서 내게 빛나는 천체와 같이 지혜와 빛을 가득 채워 주셔서 하늘과 땅을 비추게 하셨다는 것을 나타낸다. "은총이 가득하시다"라는 말은 성령께서 그만큼 많은 은총을 간구하는 사람들에게 그 은총을 내가 줄 수 있을 만큼 나누어 줄 수 있다는 것을 나타낸다. 사람들이 "주님께서 함께 계시니"라고 말할 때, 영원하신 말씀이 내 태중에 강림하셨을 때 내가 느꼈던 그 표현할 수 없을 만큼의 큰 기쁨을 새롭게 하는 것이다. 사람들이 내게 "여인 중에 복되시도다."고 말할 때에 나는 나를 이렇게까지 행복하게 해 주신 하느님의 자비를 찬양한다. "태중의 아들 예수님 또한 복되시도다."고 할 때에는 나의 아들인 예수가 인류를 구원함으로써 흠숭과 영광을 받으심을 보고 온 천하가 즐거워한다.

✠ 하늘과 땅의 만남

가브리엘 천사와 엘리사벳이 드린 말씀에서 비롯된 '성모송'은 나자렛의 동정녀 안에서 이루어진 신비를 흠숭하며 관상하게 합니다. 천사의 말을 통해 하느님께서 말씀해 주시고 함께 계시기에, 기쁨과 은총으로 가득 찬 동정녀는 하느님의 현존을 느꼈습니다. 또한 구원의 기쁜 소식을 기다리던 모든 이들을 대신하여 엘리사벳이 성모님께 건네는 말씀을 듣게 됩니다. 엘리사벳의 인사말은 개인의 인사말로 한정되지 않고 기도하는 모든 이들의 인사말입니다. 그래서 요한 바오로 2세 성인 교황은 '성모송'의 전반부를 이렇게 표현합니다.

> **'성모송'은 …… 하늘과 땅의 경탄을 드러내며 …… 하느님께서 동정 성모 마리아의 태중에서 이루어진 성자의 강생을 바라보시면서 느끼시는 경탄입니다.** (《동정 마리아의 묵주기도》, 33항)

묵주기도의 반복되는 '성모송' 안에서 하느님의 말씀(천사의 인사)과 인간의 말(엘리사벳의 인사)이 하늘과 땅을 끊임없이 연결하는 기도가 되어 만납니다. 천사의 말은 단순한 인사말로 끝나지 않고 오늘날에도 우리에게 기도로서 전해지고 있습니다. 우리는 엘리사벳의 인사말을 기도하며 성령으로 가득 차 성모님을 만나게 됩니다. 우리는 '성모송'을 정성껏 바칠 때마다 가브리엘 천사처럼 하느님의 말씀을 전하고, 성모님의 태중에 있던 아기가 주님이심을 고백한 엘리사벳처럼 온 인류를 대표하여 기도합니다. 가브리엘 천사와 엘리사벳 앞에 성모님이 계셨던 것처럼 우리는 기도할 때 우리에게 귀 기울여 주시는 성모님을 뵙게 됩니다.

✠ 예수님의 이름과 마리아의 이름

'성모송'의 찬미 부분을 바칠 때 가장 강조해야 할 부분은 전반부에 있는 '예수님'의 이름에 있습니다. 앞에서 언급한 것처럼 루카 복음서에 엘리사벳의 인사말에는 "태중의 아드님"이라고 기록되어 있지만, 엘리사벳의 인사말이 기도문이 되면서 13세기경 우르바노 4세 교황이 '예수님'의 이름을 덧붙였습니다. 요한 바오로 2세 성인 교황은 묵주기도를 의미 있고 효과 있게 바치는 표시는 후에 강조되어 붙여진 예수님의 이름에 있다고 말했습니다. 우리말에서는 기도문 사이에 예수님의 이름이 자리하고 있지만, 알파벳 언어권 기도문에는 엘리사벳의 인사말 맨 뒤에 놓여 예수님의 이름이 강조됩니다(Benedicta tu in mulieribus et benedictus fructus ventris tui, IESUS). 사람에게 주신 이름 가운데 우리를 구원할 수 있는 유일한 이름은(사도 4,12 참조) '예수님'입니다. '예수님'의 이름을 성모님의 이름인 '마리아'와 함께 '성모송'에서 되풀이하여 부르는 것은, 어머니 마리아가 당신 아드님의 첫 제자로서 그리스도의 일생을 더 깊이 묵상하며 구세주 그리스도와 하나 되는 좋은 모범이시기 때문입니다. 그래서 주님의 제자로서 완전한 모범이 되시는 동정녀의 모습을 닮고자 예수님과 성모님의 이름인 마리아를 함께 부르고 있습니다.

✚ '성모송'의 청원

'성모송'의 청원 부분인 후반부의 기도문은 우리의 삶과 죽음의 순간을 성모님의 전구에 맡겨 드리는 간절한 호소입니다(《동정 마리아의 묵주기도》, 33항). 그리스도인들은 예수님의 제자로서 하느님의 어머니이신 마리아를 우리의 어머니로 모시고 공경과 사랑을 드립니다. 그 관계는 하느님이 맺어 주신 관계입니다. 그리스도인들의 어머니는 예수님의 어머니 마리아이십니다.

'주님의 기도'가 직접적인 청원을 드린다고 하면, '성모송'은 성모님께서 함께 간구하여 주시기를 청하는 간접적인 청원이라고 할 수 있습니다. 그래서 기도의 구조는 '주님의 기도'와 '성모송'이 비슷한 형식을 유지합니다. '주님의 기도' 전반부가 하느님의 영광을 기도하고 후반부에서 우리의 구체적인 청을 드린 것처럼, '성모송'의 전반부는 성모님께서 어떤 분이신지를 고백하고, 후반부는 구체적으로 우리의 청을 전구합니다. 하느님께 대한 기도문에는 직접 "저희에게 자비를 베푸소서."라고 기도하지만, 마리아나 성인, 성녀께 바치는 기도문에는 언제나 "저희를 위하여 빌어 주소서." 하고 청을 드립니다.

① "천주의 성모 마리아님"

성모님에 대한 호칭은 '하느님의 어머니'이십니다. 하느님이신 예수님의 어머니 마리아는 '하느님의 어머니'가 되신 그 관계를 우리와도 맺고 계십니다. 성모님께 드리는 전구는 성모님께서 아드님과 맺으시는 관계로부터 비롯됩니다. 그 관계는 십자가에 못 박히시어 숨을 거두시기 직전, 예수님께서 당신의 어머니와 그 곁에 선 사랑하는 제자를 보시고 하신 말씀에 근거합니다.

예수님은 먼저 어머니에게 "여인이시여, 이 사람이 어머니의 아들입니다."하고 말씀하신 다음, 제자에게 말씀하십니다. "이분이 네 어머니시다."(요한 19,26-27) 그리스도의 제자인 그리스도인들은 하느님의 어머니이신 마리아를 우리의 어머니로 모시고 있습니다.

② **"이제와 저희 죽을 때에, 저희 죄인을 위하여 빌어 주소서."**

"이제와"라는 시간은 '지금 이 순간'을 살아가는 우리 자신을 위하여 빌어 주시길 전구하는 것입니다. "저희 죽을 때에"는 세상을 떠날 때까지 불쌍한 죄인인 저희를 위하여 빌어 달라고 성모님께 부탁을 드리는 것입니다. 우리가 세상을 떠날 때에 간절히 얻고자 하는 것은 영원한 생명을 얻어 하느님 나라에 들어가는 것입니다. "저희 죄인을 위하여 빌어 주소서"라는 기도에 본죄를 지은 죄인임을 고백할 뿐만 아니라, 원죄를 가지고 태어난 '죄인'을 함께 묵상해 볼 수 있습니다. 죽음이 원죄로 인류 역사 안으로 들어오게 된 것은 인간이 태어날 때부터 '영혼의 죽음'인 죄에 물들어, 죄가 우리에게 전달되어 온 것입니다. 원죄는 범한 죄가 아니라 짊어진 죄이며, 행위가 아니라 상태를 말하고 있습니다. 원죄를 짊어지고 태어난 우리는 세례로 원죄를 없애고 인간을 하느님께 돌아서게 합니다(《가톨릭 교회 교리서》, 400-405항 참조).

죄인들의 피난처이자, 원죄 없이 잉태되신 어머니 마리아께 드리는 기도는, 원죄를 짊어지고 태어난 우리의 탄생과 죽음까지 함께해 주시길 바라며 전구하는 것입니다. 이는 어머니라서 드릴 수 있는 부탁입니다. 우리를 낳으신 어머니는 자녀를 위해 평생토록 기도하십니다. 우리의 어머니이신 성모님도 그런 어머니이시기에 어머니께 자녀로서 이런 기도를 부탁드리는 것입니다.

부탁의 표현 속에는 기도의 순간마다 언제나 함께하시는 어머니가 계십니다. 성모님께서 우리의 기도를 하느님께 전해 주실 때, 누구보다도 더 확실하게 기도를 들어주실 것이라는 보증이 있기 때문입니다. 성모님께서는 자녀들인 우리가 태중에 잉태되는 순간부터 죽는 날까지 우리의 구원을 위하여 기도해 주십니다.

천주의 성모 마리아님, 이제와 저희 죽을 때에, 저희 죄인을 위하여 빌어 주소서. 아멘.

영광송

동정 성모 마리아께 대한 신심 행위는 본질적으로 삼위일체 하느님께 드리는 기도입니다. 그리스도교 전례는 그 자체가 성령 안에서 그리스도를 통하여 성부께 드리는 예배이기 때문입니다(《마리아 공경》, 25항). 세상은 하느님의 영광을 위해서 창조되었으며, 그 창조는 당신의 영광을 더하기 위해서가 아니라 그 영광을 드러내고 나누기 위해서입니다(《가톨릭 교회 교리서》, 293항). 묵주기도의 매 단을 마칠 때마다 "성부와 성자와 성령께" 바치는 '영광송'은 그러한 흠숭입니다.

✤ 그리스도교 전례의 전통

'영광'이라는 말은 그 사람의 실존과 행동의 빛나고 아름다운 영예를 의미합니다. 그러나 이 단어가 하느님께 사용되는 경우에는 하느님 존재의 찬란함을 뜻합니다. 이는 하느님의 권능과 거룩하심으로 연결되는 속성입니다.

이러한 영광에 대한 찬미인 '영광송'은 하느님께 영광과 영예를 드리는 내용을 표현하는 경문 또는 양식문입니다. 시편의 각 권이 끝나는 41편, 72편, 89편, 106편, 150편은 '영광송'으로 마치는데, 이는 유다인의 관습이 그리스도교에서도 이어지고 있음을 나타냅니다. 교회는 처음부터 유다인들의 기도 관습을 본받아 미사 전례문 가운데에도 '대영광송'과 '마침 영광송', '주님의 기도 후 영광송' 등 주요 기도 끝에 '영광송'을 외우곤 하였습니다. 이러한 그리스도교의 전통적인 기도 방식이 시간 전례와 묵주기도에도 영향을 주었고, '영광송'은 전례 밖에서도 대중적인 기도 양식문의 하나로 간주되었습니다.

그 후 13세기부터 묵주기도에 '영광송'을 함께 바치기 시작했습니다. 처음에는 '성모송' 한 번마다 '영광송'을 바치다가, 이후 '성모송' 열 번마다 '영광송'을 바쳤는데, 이는 시간 전례에서 시편을 기도할 때 '영광송'을 바치기 때문입니다. 묵주기도는 시편 150편처럼 '성모송'을 150번 반복한다는 의미에서 '성모 시편'이라 칭했습니다. 따라서 시편의 각 권이 끝날 때마다 '영광송'을 바치는 것처럼 매 단의 마지막 기도로 '영광송'을 마치는 형식이 자리잡게 된 것입니다(《마리아 공경》, 42항 참조). 비오 5세 성인 교황은 1568년 로마 성무일도를 완성하였고, 1570년 미사 경본을 정리하는 전례 개혁을 이루며 매 단을 '주님의 기도' 한 번, '성모송' 열 번, '영광송' 한 번을 바치는 묵주기도의 전통적인 형태를 확립했습니다(《마리아 공경》, 49항). 이 형태는 오늘날까지 유지되고 있습니다.

✽ 묵주기도의 관상적 기념

묵주기도에서의 '영광송'은 "영광이 성부와 성자와

성령께, 처음과 같이 이제와 항상 영원히. 아멘."이라는 짧은 기도문으로 '소영광송'이라고도 합니다. '영광송'을 노래하는 것은 하느님께서 태초에 계셨고, 지금도 계시며 영원히 그리고 세상 끝없이 계시기 때문입니다. 묵주기도는 그리스도교의 일반적인 기도 형식과 마찬가지로, 한 분이시며 삼위이신 하느님께 영광을 드리는 끝맺음으로 매 단을 마무리합니다〈마리아 공경〉, 49항).

미사 중에 이루어지는 전례의 기념Anamnesis과 묵주기도의 신비 묵상을 통한 관상적 기념Recordatio은 모두 그리스도의 구원 사건을 내용으로 하고 있습니다〈마리아 공경〉, 48항). '영광송'을 바침으로써 앞선 전례나 기도가 하느님께 돌리는 영광이 됩니다. 기도 전체로 보았을 때 '영광송'은 일종의 쉼표이며, 마무리 자리에서는 마침표 역할을 하게 됩니다. 묵주기도에서 매 단마다 '영광송'을 바치는 것은 다음 단으로 이어지는 쉼표이면서, 본기도인 본문의 내용을 끝맺는 마침표이기도 합니다. 묵주기도의 '영광송'은 그리스도의 일생에 대한 '복음의 요약'으로서의 신비 묵상과 함께 바오로 사도의 말처럼 "만물이 그분에게서 나와, 그분을 통하여 그분을 향하여 나아가게"(로마 11,36 참조) 합니다.

✠ 그리스도인 관상의 목표

바오로 6세 성인 교황은 묵주기도를 바칠 때의 자세에 대해 이렇게 말합니다.

> **'주님의 기도'를 바칠 때에는 엄숙하고도 간구하는 자세가, '성모송'을 조용히 외울 때에는 찬미 가득한 서정적인 태도가, '영광송'을 바칠 때에는 흠숭과 신비들에 대한 묵상으로 관상적인 상태를 유지하는 자세가 되어야 할 것입니다.** (〈마리아 공경〉, 50항)

묵주기도의 '영광송'은 모든 그리스도인들이 가지고 있는 관상의 목표입니다(〈동정 마리아의 묵주기도〉, 34항). 하느님의 영광은 바로 살아 있는 사람이며, 인간의 생명은 하느님을 뵙는 것입니다. 곧 창조주의 궁극적인 목적은 만물의 창조주이신 성부께서 마침내 "모든 것 안에서 모든 것"(1코린 15,28)이 되시어 당신의 영광을 드러내시고 동시에 우리의 행복을 돌보시는 것입니다. 삼위일체 하느님께 드리는 영광은 창조된 첫 사람이 원죄를 짓기 전에 누리던 영광이며, 그리스도의 부활로 영원히 이어집니다. 처음과 같이 이제와 항상 영원까지 이어지는 하늘나라의 영광이기 때문입니다. 그래서 묵주기도에서 관상의 정점인 '영광송'을 강조하는 것이 중요합니다. 따라서 공적으로 묵주기도를 바칠 때에는 다함께 노래로 바치는 것이 더 좋습니다.

교서 〈동정 마리아의 묵주기도〉는 '영광송'을 바치는 의미를 설명합니다.

> '성모송'에서 '성모송'으로 이어 가며 그리스도와 성모님께 대한 사랑으로 각 신비를 생생하게 깊이 묵상하는 그만큼, 각 단에서 삼위일체이신 하느님께 영광을 드리는 것은 형식적인 마무리가 아니라, 마치 우리 마음을 하늘 낙원으로 들어올리고 어느 모로 타보르 산의 경험(루카 9,33)을 다시 체현體現하는 것과 같습니다. (34항)

예수님께서 베드로 사도와 야고보 사도와 그의 동생 요한 사도만 따로 데리고 높은 산에 오르시어 그들 앞에 영광스러운 모습으로 변모하심으로서(마태 17,1), 하느님 아버지에게서 영예와 영광을 받으셨습니다(2베드 1,17). 이는 모든 그리스도인이 믿고 희망하는 미래 관상의 예고와도 같습니다.

✠ '성모송'과 '영광송'

묵주기도는 수난의 어둠을 넘어서 부활하시고 승천하신 그리스도의 영광을 바라보도록 초대합니다. 승천하신 그리스도께서는 영광 중에 성부 오른편에 앉으셨습니다. 하늘로 불러올리심을 받으신 성모님께서도 영광을 받으셨으며, 유일한 특권으로 죽은 이들의 부활 때에 모든 의인을 위하여 마련된 상을 앞서 누리셨던 것입니다. 놀라운 구원 경륜 전체에 대해 하느님을 찬양하는 '영광송'을 노래하는 것(《가톨릭 교회 교리서》, 2641항)은 마땅하고 옳은 일입니다. 그리스도인의 삶과 죽음과 부활은 삼위일체 하느님께 영광이 되어야 합니다. 이는 최후의 심판에 관한 말씀처럼 "세상 창조 때부터 우리를 위하여 준비된 나라를 차지"(마태 25,34 참조)하고자 드리는 청원입니다.

묵주기도의 신비 묵상이 '고통의 신비'(그리스도의 수난과 죽음)에서 '영광의 신비'(그리스도의 부활)로 넘어가듯이, '성모송' 다음에 이어지는 '영광송'은 일생을 충실히 주님 뜻에 따르는 이들이 누리게 될 영광에 대한 믿음입니다. 그리스도의 영광은 믿는 이들의 영광이며, 믿는 이들의 영광은 그리스도의 영광이기 때문입니다. 성모님께서는 당신의 아드님이신 성자 예수 그리스도와 함께 고난을 겪음으로써, 그리스도와 함께 영광스럽게 되셨습니다. 그래서 열 번의 '성모송' 뒤에 이어지는 한 번의 '영광송'은 성모님의 일생이 온전히 삼위일체 하느님과의 관계 안에 머물러 계심을 묵상하게 합니다.

한눈에 알 수 있는 묵주기도 핵심 정리

- 매 단의 시작에 '주님의 기도'를 바치는 것은 그 무한한 가치로 그리스도교 기도의 바탕이 되며 다른 모든 기도를 품위 있게 해 줍니다.

- 묵주기도는 '주님의 기도'와 '성모송'으로 이루어졌기 때문에 은총의 원천에서 끊임없이 흘러넘치는 맑은 물과 같습니다.

- 반복되는 '성모송'은 직접적으로는 성모님께 바치는 것이지만, 이 사랑의 행위는 성모님과 함께, 성모님을 통

하여 예수님을 지향합니다.

- 묵주기도의 반복되는 '성모송' 안에서 하느님의 말씀(천사의 인사)과 인간의 말(엘리사벳의 인사)이 하늘과 땅을 끊임없이 연결하는 기도가 되어 만납니다.

- '성모송'의 청원 부분인 후반부의 기도문은 우리의 삶과 죽음의 순간을 성모님의 전구에 맡겨 드리는 간절한 호소입니다.

- 삼위일체이신 하느님께 드리는 '영광송'은 모든 그리스도인들이 갖는 관상의 목표입니다.

- 열 번의 '성모송' 뒤에 이어지는 '영광송'은 성모님의 일생이 온전히 삼위일체 하느님과의 관계 안에 머물러 계심을 묵상하게 합니다.

구원을 비는 기도

✠ 짧은 마침 기도

지극히 거룩하신 동정녀께서는 묵주기도를 통하여 자녀들을 돌보십니다. 예수님께서는 돌아가시는 순간까지 사랑하시는 제자에게 "이분이 네 어머니시다."(요한 19,27) 하고 말씀하심으로 교회의 모든 자녀들을 당신 어머니의 보호 아래 맡기셨습니다.

19세기와 20세기에 프랑스 루르드와 포르투갈의 파티마에서 일어났던 성모 발현의 주요 메시지는 "사랑하는 자녀들이 묵주기도를 열심히 바칠 것"을 요청하시는 내용이었습니다. 1917년 포르투갈 파티마에서 발현하신 성모님께서는 5월 13일부터 10월 13일까지 총 6달 동안 발현하셨고, 7월 13일 발현에서는 묵주기도 매 신비가 끝난 후에 바치는 '구원을 비는 기도'를 가르쳐 주셨습니다. 이 기도는 '구원송', '구원경', '파티마의 기도'로도 불렸습니다.

요한 바오로 2세 성인 교황은 '구원을 비는 기도'와

같은 기도문을 묵주기도의 '짧은 마침 기도'라는 제목으로 언급합니다.

> 오늘날의 묵주기도에서는, '영광송' 다음에 '짧은 마침 기도'가 이어집니다. …… 기도의 가치를 조금도 해치지 않으면서, 신비의 묵상이 고유한 열매를 맺도록 그 신비를 기도로 마무리한다면, 신비의 관상이 더더욱 풍요로워질 수 있다는 사실을 강조하는 것이 바람직하다고 여깁니다. …… 그러므로 적절한 기도 형태를 사목적으로 충분히 식별하고 널리 사용되도록 하는 것이 좋습니다. (《동정 마리아의 묵주기도》, 35항)

이처럼 신비의 묵상이 고유한 열매를 맺도록 '짧은 마침 기도'로 매 단을 마무리하도록 강조합니다. 한국 교회에서는 다른 나라의 대다수 가톨릭 신자들처럼 파티마의 기도인 '구원을 비는 기도'로 짧은 마침 기도를 바칩니다. '구원을 비는 기도'는 미사의 말씀 전례에서 보편 지향 기도와 같은 역할을 합니다. 신자들은 독서를 통해 하느님의 말씀에 응답하고 그 말씀을 기도로 실천하기 위해 보편 지향 기도로 말씀 전례의 열매를 맺습니다. 파티마에 발현하신 성모님께서는 묵주기도를 바치며 기도하는 이들이 꼭 해야 할 청원을 일러 주신 것입니다. 그래서 '구원을 비는 기도'는 성모님의 요청을 충실히 따르는 이들의 기도입니다.

✖ '구원을 비는 기도' 묵상

성모님께서는 이 기도문의 처음에 당신의 아드님인 예수님의 이름을 부르도록 하십니다. 살아 있는 이들의 구원("저희 죄를 용서하시며, 저희를 지옥 불에서 구하시고")과 죽은 이들의 구원("연옥 영혼을 돌보시며, 가장 버림받은 영혼을 돌보소서")을 간절히 청하는 기도를 성자께 드리는 것입니다. 기도는 최후의 심판 때에 구세주로 오시는 그리스도께 자비를 구하는 내용을 담고 있습니다. 우리말로 '구원을 비는 기도'라 칭하는 것도 살아 있는 이들과 죽은 이들의 구원자이신 주님께 드리는 기도이기 때문입니다.

그리스도인들은 '사도신경'에서 고백하듯 "하늘에 올라 전능하신 천주 성부 오른편에 앉으신" 성자께서 "산

이와 죽은 이를 심판하러 오시리라" 믿습니다. 그레고리오 성인의 말처럼 "어떤 죄들은 현세에서 용서받을 수 있지만 다른 어떤 죄들은 내세에서 용서받을 수 있다는 것을 알기 때문입니다."

"죽은 이들을 위하여 속죄를 한 것은 그들이 죄에서 벗어나게 하려는 것"(2마카 12,45)입니다.

성모님의 기도 요청은 바로 이러한 기도의 보증입니다. 미사 중 성찬 전례문의 전구 부분에서 "부활의 희망 속에 고이 잠든 교우들과 세상을 떠난 다른 이들"(죽은 이들을 위한 기도)을 위한 기도를 하고, "저희에게도 자비를 베푸시길"(살아 있는 이들을 위한 기도) 기도하고 있습니다. 성모님께서 가르쳐 주신 '구원을 비는 기도'는 살아 있는 이들의 구원만이 아니라, 죽은 이들의 구원을 위한 기도입니다. 묵주기도를 통하여 영원한 생명을 얻기 위해 기도하는 이들뿐만 아니라, 먼저 세상을 떠난 이들을 기억함으로써 모두 구원의 길로 나아가도록 함께 기도합니다. 그리하여 하느님 백성은 참된 영적 풍요로움에서 이로움을 얻고 개인적 관상의 자양을 발견합니다.

10월은 '묵주기도 성월'이자 파티마에 발현하신 성모님께서 당신 자신을 '묵주기도의 모후'라고 선언하신 달입니다. 성모님은 세 명의 어린이 앞에 발현하시어 '구원을 비는 기도'를 교회에 선물하셨습니다. 기도를 통하여 우리의 구원만이 아니라, 세상을 떠난 이들을 위한 기도로 많은 영혼을 구원할 수 있습니다.

✤ 현재의 '구원을 비는 기도'

주교회의는 '2011년 추계 정기총회'에서 '구원을 비는 기도'에 대한 사항을 결정했습니다. 당시 주교회의 전례위원회는 묵주기도의 '구원을 비는 기도'의 통일안을 검토하고, 기도문의 번역에 있어서 혼란을 피하기 위해 예전부터 바치던 기도문을 유지합니다. 통일안을 만든 것은 일부 기도서에 실린 '구원을 비는 기도'의 새로운 번역안으로 인해 생긴 혼란을 막기 위한 것입니다.

라틴어 기도문	2009년도 번역안	현재 기도문
Domine Iesu, dimitte nobis debita nostra, salva nos ab igne inferiori, perduc in caelum omnes animas, praesertim eas, quae misericordiae tuae maxime indigent. Amen.	예수님, 저희 죄를 용서하시며, 저희를 지옥 불에서 구하시고, 모든 영혼들을 천국으로 이끌어 주시며, 특히 자비를 가장 필요로 하는 영혼들을 돌보소서.	예수님, 저희 죄를 용서하시며, 저희를 지옥 불에서 구하시고, 연옥 영혼을 돌보시며 가장 버림받은 영혼을 돌보소서.

✤ 레지오 마리애 회합에서 '구원을 비는 기도' 생략

레지오 마리애 단원들이 주 회합 중 묵주기도에서 '구원을 비는 기도'를 바치지 않는 것은 요한 바오로 2세 성인 교황의 교서 〈동정 마리아의 묵주기도〉가 반포되기 이전부터입니다. 이전 레지오 회합에서 묵주기도는 시작 기도 없이 묵주기도 신비 묵상과 함께 소리 기도('주님의 기도' 한 번, '성모송' 열 번, '영광송' 한 번)만을 바쳤습니다. 이후 전국 교구 레지오 마리애 평의회 지도 신부 및 간부 간담회를 통해 전국적으로 일치된 기도를 위해 묵주기도의 시작 기도 부분('사도신경', '주님의 기도', '성모송' 세 번, '영광송' 추가)을 바치도록 합니다. 하지만 '구원을 비는 기도'는 바치지 않기로 결정하였다고 명시적으로 공지하였습니다. 레지오 마리애 기도문의 '마침 기도' 부분에 "세상을 떠난 저희 레지오 단원들과 세상을 떠난 모든 신자들의 영혼이 하느님의 자비로 평화의 안식을 얻게 하소서."라는 구원의 메시지가 들어 있다는 꼰칠리움 레지오니스 마리애(Concilium Legionis Mariae, 세계 평의회)의 결정이 있었습니다. 전 세계 레지오 마리애의 일치된 기도를 위해서 현재까지 주 회합 중에는 '구원을 비는 기도'를 매 단마다 반복하지 않습니다.

성모 찬송

✤ 묵주기도의 '성모 찬송'

성모님께서는 완벽한 기도의 모범이시며 교회의 표상이십니다. 우리가 성모님께 기도를 청하는 이유는 모든 인류를 구원하시려고 당신 아드님을 보내신 성부의 계획을 가장 먼저 믿고 따르신 분이기 때문입니다(《가톨릭 교회 교리서》, 2679항). 그러한 바람이 잘 표현된 기도가 묵주기도의 마지막에 바치는 '성모 찬송'입니다. 요한 바오로 2세 성인 교황은 '성모 찬송'과 같이 묵주기도를 마치는 기도에 대해 설명합니다.

> 묵주기도는, 기도하는 사람의 시야를 넓혀 교회의 모든 요구를 끌어안을 수 있도록, '교황의 기도 지향'으로 끝맺습니다. …… 묵주기도를 드리며 성모님의 모성을 깊이 체험한 사람이 '성모 찬송가'나 '성모 호칭 기도'와 같은 뛰어난 기도문으로 동정 성모님을 찬미할 마음을 갖게 되는 것이 어찌 놀라운 일이겠습니까? (〈동정 마리아의 묵주기도〉, 37항)

각 지역 교회에서 다양한 방법으로 묵주기도를 시작하듯이('사도신경', '니케아-콘스탄티노폴리스 신경', 시편 70,1), 기도하는 이들이 교회의 모든 요구를 끌어안을 수 있도록 제시된 세 가지 방법으로 기도를 마칠 수 있습니다. 일반적으로 묵주기도를 마치며 암송하는 '성모 찬송'처럼 교황이 언급한 '성모 호칭 기도'나 '교황의 기도 지향'을 상황과 지역에 따라 마침 기도로 선택하여 기도한다면, 묵주기도는 더욱 풍요로워집니다. '교황의 기도 지향'은 전 세계 그리스도인들이 그 달의 기도를 한마음으로 바치도록 초대합니다. '성모 호칭 기도'는 성모님을 공경하는 여러 호칭을 붙여 기도하면서 성모 마리아를 찬양하며 바치는 기도입니다. 다양한 호칭을 통하여 성모님의 품위를 드러내며, 호칭을 언급할 때마다 "저희를 위하여 빌어 주소서."라고 기도를 청합니다.

✣ 전례 시기에 따른 '성모 찬송'

대부분의 가톨릭 신자들은 묵주기도 전체의 마침 기도로 '성모 찬송'을 바칩니다. 중세 시대에 성모 신심이 널리 퍼지며, 성모님을 찬미하는 노래들이 생겨났는데, 교회의 전례 안에 정해진 노래는 오늘날 《성무일도서》에 실려 있는 '성모 찬송'입니다.

대림 시기와 성탄 시기
"구세주의 존귀하온 어머니"
Alma redemptoris Mater

대림 시기 이전 연중 시기
"모후이시며 사랑이 넘친 어머니"
Salve Regina

재의 수요일 이전 연중 시기와 사순 시기
"하늘의 영원한 여왕"
Ave Regina caelorum

부활 시기
"천상의 모후여 기뻐하소서"
Regina caeli

① 대림 시기와 성탄 시기의 "구세주의 존귀하온 어머니Alma redemptoris Mater", ② 재의 수요일 이전 연중 시기와 사순 시기의 "하늘의 영원한 여왕Ave Regina caelorum", ③ 부활 시기의 "천상의 모후여 기뻐하소서 Regina caeli", ④ 대림 시기 이전 연중 시기의 "모후이시며 사랑이 넘친 어머니Salve Regina"로 시작되는 찬송가들입니다.

묵주기도는 '성모 시편'이라고 불리며 시간 전례인 성무일도와의 연관성을 생각해 볼 수 있습니다. 성무일도 끝기도의 마지막을 '성모 찬송'으로 마치는데, 묵주기도의 맨 마지막 기도 역시 '성모 찬송'입니다. 그래서 여러 형태의 '성모 찬송'을 전례 시기에 맞추어 부르고 '묵주기도를 마치며 드리는 기도'("하느님, 외아드님이 삶과 죽음과 부활로써……."로 시작되는 기도 부분)로 끝맺을 수 있습니다. 이렇게 기도할 때, 어머니이시고 스승이시며 인도자이신 성모님께서 묵주기도를 통하여 당신의 전구로 신자들을 받쳐 주시는 영적 여정의 훌륭한 동반자가 되어 주십니다.

✣ '성모 찬송' – 묵주기도 전체의 마침 기도

묵주기도라는 영적 여정 전체의 시작 기도 역할을 '사도신경'이 한다면, 마침 기도는 '성모 찬송'입니다. '성모 찬송'을 마치고 첨가된 청원인 '묵주기도를 마치며 드리는 기도'를 바침으로써, 성모님께 전구를 청하고, 직접적으로는 하느님께 청원하는 기도가 됩니다.

하느님,
외아드님이 삶과 죽음과 부활로써,
저희에게 영원한 구원을 마련해 주셨나이다.
복되신 동정 마리아와 함께 이 신비를 묵상하며
묵주기도를 바치오니,
저희가 그 가르침을 따라
영원한 생명을 얻게 하소서.
우리 주 그리스도를 통하여 비나이다.
아멘.

묵주기도의 '성모 찬송'은 신자들이 그리스도의 신비와 성모님의 신비를 생생하게 체험하는 내적 순례의 마침입니다(《동정 마리아의 묵주기도》, 37항). 기도문에 담겨 있는 것처럼 우리가 성모님과 함께 묵주기도를 바치는 이유는 '영원한 생명'을 얻기 위해서입니다. '사도신경'으로 기도를 시작하며 묵주기도를 바쳐야 할 이유를 드러내고 있는 것처럼 '성모 찬송'은 예수님의 '삶('환희의 신비')과 죽음('고통의 신비')과 부활('영광의 신비')'로써 마련된 영원한 구원을 청하는 기도입니다. 성모님은 기도하는 이들의 기도를 떠받쳐 주시기에 우리의 기도는 희망 안에서 성모님의 기도와 일치를 이룹니다.

✠ 묵주기도의 지향

묵주기도를 마칠 때, '교황의 기도 지향'을 '성모 찬송' 대신 바칠 수 있습니다. '교황의 기도 지향'은 현세를 살아가는 그리스도인들의 구체적인 기도를 제시하고, 함께 기도하도록 초대합니다. 그리고 일반적으로 묵주기도 전체의 마침 기도로 바치는 '성모 찬송'을 통해 묵주기도를 바치는 명확한 공적 지향을 드러냅니다. 이러한 공적 지향은 '성모 호칭 기도'와 '성모 찬송'의 마지막 기도 부분에 공통적으로 나와 있는 것처럼, 성모님께 드리는 구체적인 청원을 통해 묵주기도를 바치는 이유를 분명하게 말합니다. 우리는 묵주기도를 할 때 각자의 지향을 두고 개인적인 청원을 드립니다. 그러나 묵주기도를 바치는 것만으로도 이 기도의 공적인 청원인 '영원한 생명'을 시작과 마침까지 관통하며 기도하게 됩니다.

천주의 성모님, 저희를 위하여 빌어 주시어, 그리스도께서 약속하신 영원한 생명을 얻게 하소서.

묵주기도의 대사

묵주기도에 수여된 대사

"복되신 동정 마리아와 함께 이 신비를 묵상하며 묵주기도를 바치오니 저희가 그 가르침을 따라 영원한 생명을 얻게 하소서."(묵주기도의 '성모 찬송') 묵주기도는 그리스도인이 궁극적으로 청하게 되는 영원한 생명에 대한 기도입니다. 묵주기도의 전체 구조는 '영원한 삶', '영원한 생명', '영원한 구원'에 대한 지향을 담아 기도를 구성하고 반복하여 바칩니다. 묵주기도를 바치는 이는 주의를 기울여 경건하게 구원과 관련된 내용을 묵상하고 기도합니다. 묵주기도는 그리스도의 생애를 묵상하는 '복음의 요약'입니다. 따라서 구원에 지향을 두고 정성껏 기도를 바치는 이들에게는 대사(大赦, Indulgentia)의 은총이 주어집니다. 요한 바오로 2세 성인 교황은 묵주기도를 바치는 이들에게 주어지는 대사에 대해 다음과 같이 말했습니다.

> **교회가, 올바른 마음가짐으로 묵주기도를 하는 사람들에게 대사를 주는 것이 적절하다고 생각해 온 것은, 바로 묵주기도의 이러한 교회적 차원을 들어 높이기 위한 것입니다.** (《동정 마리아의 묵주기도》, 37항)

교회는 대사에 대한 정의를 다음과 같이 내립니다.

> **대사는 죄과에 대하여는 이미 용서받은 죄에 따른 잠시적 벌에 대한 하느님 앞에서의 사면이다. 합당한 마음 자세로**

규정된 일정한 조건들을 채우는 그리스도교 신자는 구원의 교역자로서 그리스도와 성인들의 보속 공로의 보고를 권위 있게 분배하며 적용하는 교회의 도움으로 대사를 얻는다.

《교회법》, 제922조

대사의 조건

대사는 인간 구원 과정에 있어서 보조 수단으로 예수 그리스도의 거룩한 피로 인한 공로와 성인들의 넘치는 보속補贖 공로를 교회의 이름으로 수여하는 은사恩赦입니다.

죄에 대한 벌은 우선 고해 신부가 부과하는 보속의 실천을 통해서 탕감될 수 있습니다. 그러나 고해자가 잊고 아직까지 고백하지 못한 죄에 대한 벌이 남아 있을 수도 있고, 고해 신부가 지시한 보속이 죄에 비례되지 못할 수도 있습니다. 이렇게 남는 벌을 '잠벌暫罰'이라고 합니다. 이 잠벌은 정화 과정을 통해서만 탕감될 수 있습니다. 이처럼 대사는 면죄免罪가 아닌 면벌免罰

의 효과가 있습니다(《가톨릭 교회 교리서》, 1473항).

선한 지향을 가진 그리스도인이 일정한 조건을 충족시켰을 때, 교회는 구원의 분배자로서 그리스도와 성인들의 보속 공로를 교회의 권한으로 나누어 주고 활용합니다. 교회의 행위, 곧 대사를 수여함으로써 주어집니다.

묵주기도는 대사의 수여가 부여된 신심 행위입니다. 그러나 묵주기도를 바치는 이들에게 주어지는 대사는 단순히 기도를 바친다고 하여 얻을 수 있는 것이 아닙니다.

대사를 받기 위해서는 세례를 받은 가톨릭 신자가 은총을 받는 데 아무런 장애가 없어야 하며, 소죄小罪를 비롯한 모든 죄에 대한 유혹을 끊어 버리겠다고 결심하고 대사에 필요한 기본 세 가지 조건을 정성껏 수행해야 합니다. '고해성사'와 '영성체', '교황의 기도 지향'을 실천하는 것입니다.

앞선 세 가지 조건과 함께 묵주기도를 정성껏 바쳤을 때 묵주기도에 허락된 대사를 받을 수 있습니다. 대사는 살아 있는 이는 본인 자신이 받을 수 있으며, 내가 받은 대사를 세상을 떠난 이에게 양도할 수도 있습니다.

예수님과 성모님의 축복 속에 묵주기도의 씨를 뿌린 이들은 하늘나라의 영원한 축복을 수확할 것입니다.

"적게 뿌리는 이는 적게 거두어들이고 많이 뿌리는 이는 많이 거두어들입니다."(2코린 9,6)

묵주의 모후이신 성모님,

성령으로 말미암아

구원의 첫 전달자가 되셨으니

당신께서 가신 길은 예수님께 인도되는 생명의 길입니다.

아드님께서는 십자가 위에서

하느님의 어머니를 우리의 어머니가 되게 하시고,

당신께서는 사랑하는 자녀들에게

묵주를 손에 들고 기도하라 요청하십니다.

세상의 평화와 영혼들의 회개를 위하여

저희는 오늘도 묵주기도를 바치며

영원한 구원의 기도를 드리옵니다.

믿는 이들의 모범이시며

겸손한 이들의 희망,

사랑하는 우리 어머니

저희를 위하여 빌어 주소서! 아멘.

한눈에 알 수 있는 **묵주기도 핵심 정리**

- 오늘날의 묵주기도에서는, '영광송' 다음에 '짧은 마침 기도'(구원을 비는 기도)가 이어집니다. 기도의 가치를 조금도 해치지 않으면서, 신비의 묵상이 고유한 열매를 맺도록 그 신비를 기도로 마무리합니다.

- 성모님께서 가르쳐 주신 '구원을 비는 기도'는 살아 있는 이들의 구원만이 아니라, 죽은 이들의 구원을 위한 기도입니다.

- 묵주기도의 '성모 찬송'은 신자들이 그리스도의 신비와 성모님의 신비를 생생하게 체험하는 내적 순례의 마침입니다.

- 고해성사와 영성체, 그리고 '교황의 기도 지향'을 드리며 묵주기도를 정성껏 바쳤을 때 묵주기도에 허락된 대사를 받을 수 있습니다.

성경과 함께하는 묵주기도 신비 묵상

환희의 신비

제1단	마리아께서 예수님을 잉태하심을 묵상합시다.	마태 1,18-25; 루카 1,26-38
제2단	마리아께서 엘리사벳을 찾아보심을 묵상합시다.	루카 1,39-56
제3단	마리아께서 예수님을 낳으심을 묵상합시다.	루카 2,1-10; 마태 1,18-25
제4단	마리아께서 예수님을 성전에 바치심을 묵상합시다.	루카 2,34-35
제5단	마리아께서 잃으셨던 예수님을 성전에서 찾으심을 묵상합시다.	루카 2,41-51

빛의 신비

제1단	예수님께서 세례 받으심을 묵상합시다.	마태 3,13-17
제2단	예수님께서 카나에서 첫 기적을 행하심을 묵상합시다.	요한 2,1-11
제3단	예수님께서 하느님 나라를 선포하심을 묵상합시다.	마태 4,12-17; 마르 1,14-15; 루카 4,14-15
제4단	예수님께서 거룩하게 변모하심을 묵상합시다.	마태 17,1-8; 마르 9,2-8; 루카 9,28-36
제5단	예수님께서 성체성사를 세우심을 묵상합시다.	마태 26,17-30; 마르 14,12-26; 루카 22,7-20; 요한 13,26-30; 1코린 11,23-25

고통의 신비

제1단	예수님께서 우리를 위하여 피땀 흘리심을 묵상합시다.	마태 26,36-46; 마르 14,32-42; 루카 22,39-46
제2단	예수님께서 우리를 위하여 매 맞으심을 묵상합시다.	요한 19,1-3
제3단	예수님께서 우리를 위하여 가시관 쓰심을 묵상합시다.	마태 27,27-31; 마르 15,16-20; 요한 19,2-3
제4단	예수님께서 우리를 위하여 십자가 지심을 묵상합시다.	마태 27,32-34; 마르 15,21-23; 루카 23,26-31; 요한 19,17
제5단	예수님께서 우리를 위하여 십자가에 못 박혀 돌아가심을 묵상합시다.	마태 27,35-56; 마르 15,24-41; 루카 23,33-49; 요한 19,18-30

영광의 신비

제1단	예수님께서 부활하심을 묵상합시다.	마태 28,1-10; 마르 16,1-8; 루카 24,1-12; 요한 20,1-10
제2단	예수님께서 승천하심을 묵상합시다.	사도 1,6-11
제3단	예수님께서 성령을 보내심을 묵상합시다.	사도 2,1-13
제4단	예수님께서 마리아를 하늘에 불러올리심을 묵상합시다.	유딧 13,18-20; 15,10
제5단	예수님께서 마리아께 천상 모후의 관을 씌우심을 묵상합시다.	묵시 12,1

참고 문헌

- 《가톨릭 교회 교리서 Cathechismus Catholicae Ecclaesiae》, 한국천주교중앙협의회, 개정판 2008.

- 요한 바오로 2세, 《동정 마리아의 묵주기도 Rosarium Virginis Mariae》, 한국천주교중앙협의회, 2002.

- 요한 바오로 2세, 《구세주의 어머니 Redemptoris mater》, 1987.

- 바오로 6세, 《마리아 공경 Marialis cultus》, 1974.

- 바오로 6세, 《교회 헌장 Lumen Gentium》, 1964.

- 바오로 6세, 《사제 생활 교령 Presbyterorum Ordinis》, 1965.

- 바오로 6세, 비카 추기경에게 보낸 서한, 1960.9.28.: ASS 52, 1960.

- 레오 13세, 《최고 사도직 Supremi Apostolatus Officio》, 1883.

- 그레고리오 13세, 《사도좌 권고 Monet Apostolus》, 1573.

- 비오 5세, 《로마 교황은 주로 Consueverunt Romani Pontifices》, 1569.

- Emanuele Giulietti, 《Storia del Rosario》, San Paolo, 2013.

- Serafino Zardoni, 《Il Rosario》, Città Nuova, 2003.

- Alberto, 《Rosario della gloriossima Vergine Maria》, 1587.

- Alano de la Roche, 《Apologia》, cap.19.

- Beato Alano della Rupe, 《Il salterio di Gesu e di Maria》, libro IV.

- 《Calendarium Romanum》, Libreria Editrice Vaticana, 1969.

- 《한국가톨릭대사전》, "매괴회", "묵주기도", "사도신경", "삼덕송", "성모 찬송가", "성모송", "시간 전례", "십자 성호", "아멘", "알비파", "영광", "영광송", "주님의 기도", 한국교회사연구소, 2001.

- 정진석, 《장미 꽃다발》, 가톨릭출판사, 2008.

- 루도비코 마리아, 하 안토니오 역, 《성모님께 대한 참된 신심》, 아베마리아, 1999.

- 루도비코 마리아, 하 안토니오 역, 《묵주기도의 비밀》, 아베마리아, 2000.

- 끈칠리움 레지오니스, 《레지오 마리애 교본》, 한국 세나뚜스 협의회, 2000.

- 티없으신 마리아 성심 수녀회 엮음, 《왜 첫토요일을 지켜야 하는가?》, 아베 마리아, 2008.

- 미셸 크리스티안스, 장익 역, 《성서의 상징》, 분도출판사, 2002.

- 버트 게찌, 박정애 역, 《알고 긋는 십자 성호》, 가톨릭출판사, 2008.

- 이제민, 《세상에서 가장 아름다운 기도, 성모송》(개정판), 성서와 함께, 2009.

- 이홍기, 《쉬운 미사 전례》, 분도출판사, 2005.